Karl-Heinz Schmidt

Einmaliger Rückenwind

Gottes Wort für jedermann

Karl-Heinz Schmidt, Jahrgang 1938, ist emeritierter Pfarrer der sächsischen Landeskirche und lebt in Klingenthal im Erzgebirge. Er ist Autor zahlreicher Bücher mit aus dem Leben gegriffenen Erzählungen, in denen die Menschen liebevoll auf die Schippe genommen werden. Besonders seine erzgebirgischen Mundartgeschichten sind in der ganzen Region berühmt.

Bibliografische Information der Deutschen Nationalbibliothek
Die Deutsche Nationalbibliothek verzeichnet diese Publikation in der Deutschen Nationalbibliografie; detaillierte bibliografische Daten sind im Internet über http://dnb.dnb.de abrufbar.

Printed in Germany · H 7590

Das Buch wurde auf alterungsbeständigem Papier gedruckt.

Gesamtgestaltung: Mario Moths, Marl
Druck und Binden: BELTZ Bad Langensalza GmbH

ISBN 978-3-374-03171-9
www.eva-leipzig.de

EIN WORT ZUVOR

Anlässlich einer Adventsfeier in der Döbelner Stadtkirche sagte eine Frau zu mir: „Wir in Döbeln verstehen uns als das Vorland vom Erzgebirge!“ Junge, hat die Mut, so etwas zu behaupten. Meine Antwort konnte nicht anders als so ausfallen: „Wenn Sie in Döbeln das Vorland vom Erzgebirge sind, dann sind wir in Klingenthal das Vorland von der Mecklenburgischen Seenplatte!“ Da hatte ich etwas gesagt. Sicher ehrt uns solch eine Fast-Liebeserklärung, aber hier schoss die Gute über das Ziel hinaus. Die andere Seite ist die, dass nicht wenige uns hier droben in den Bergen, sei es im Erzgebirge oder im Vogtland, für Leute hinter den „sieben Bergen“ halten. Die einen möchten zu uns gehören, die anderen belächeln uns.

Kirche auf dem Berg, meine Heimat; dort möchte ich bleiben. Wie die „Stadt auf dem Berg“ gesehen wird, so wird auch die Kirche auf dem Berg gesehen. Von vielen. Von dort kommen die Andachten, die ich für Sie geschrieben habe. Mögen sie Freude, Stärkung und Trost vermitteln. Seien Sie gesegnet beim Lesen und Weitergeben derselben.

In der ehemaligen DDR sagte eine Lehrerin zu einer ihrer Schülerinnen: „Ina, du gehörst doch zur Kirche;

gehst in den Gottesdienst ..., nun male uns doch einmal deinen Gott an die Tafel." – „Das ist überhaupt kein Problem", entgegnete das Mädchen, „doch dazu müssen Sie mir *goldene Kreide* geben!" Das saß! So eine Antwort hatte die Lehrerin nicht erwartet. Im rechten Augenblick gab Gott dem Kind die passenden Worte in den Mund!

Das schenke Gott auch Ihnen und mir, dass wir dann, wenn es darauf ankommt, das Richtige zu sagen haben! Nicht schnippisch, sondern in Güte und Liebe wollen wir das Wort des Lebens, das Zeugnis von Christus, weitergeben! Gott segne Sie!

Ihr Karl-Heinz Schmidt

INHALT

Unerwarteter Besuch

Zwei Jahre lang lag Paulus in Cäsarea am Mittelmeer gefangen. Dort schrieb er einen Brief, der von der Freude diktiert wurde. Zwei Verse aus ihm lauten so: „Freut euch in dem Herrn auf allen Wegen, und noch einmal sage ich: Freut euch! Der Herr ist nahe!"

„Freude im Advent", singen die Kinder. Doch viele Erwachsene gehen gesenkten Hauptes durch diese Tage. Sorgen drücken nach unten. Wie sieht das bei Ihnen aus? Advent! Weihnachten ist greifbar nahe. Lassen Sie sich von mir zu einer Zeitreise einladen. Wir schreiben das Jahr 1530 und befinden uns im „Gasthof zu den drei Mohren" in Augsburg. Am Abend vor der Eröffnung des Reichstages sitzen drei achtbare Augsburger Ratsherren bei einem guten Wein beieinander. Ihr Gespräch kreist um die Eröffnung des Reichstages am anderen Morgen. Auch von dem noch jugendlichen Kaiser Karl V. sprechen sie. Wie mag er aussehen? Wird er das für die Habsburger typische Kinn tragen? Wie mag er charakterlich veranlagt sein? Nicht beachtet haben sie, dass während ihres angeregten Gespräch ein Fremder in die Gaststube tritt. Unauffällig sein Reisegewand. Still nimmt er an einem der freien Tische Platz. Immer häufiger fällt im Gespräch der Ratsherren der

Name Kaiser Karl V. Da geschieht etwas Seltsames. Steht doch der Fremde auf, geht an den Tisch der drei Herren und sagt in aller Schlichtheit: „Kaiser Karl V., das bin ich". Dass der Kaiser in einem Landgasthof absteigt, hätten sie nicht für möglich gehalten. Als gewöhnlicher Bürger steht der Kaiser unter ihnen. Darum geht es zu Weihnachten. Gott erscheint inkognito, unerkannterweise, wie damals Kaiser Karl V.! Wer hätte jemals daran gedacht, dass der allmächtige Gott in einem Wirtshaus zur Welt kommt? Nicht in einem Gästezimmer oder in einer Gesindestube, o nein, in einem Stall wird Gottes Sohn geboren! Bei „Ochs und Esel", weil sonst „kein Raum in der Herberge" gewesen ist. Der große Gott im Wochenbett! Sein Kind im Futtertrog! Umweht von Stallgeruch, und wir Menschen bilden uns wer weiß was ein, wer wir sind. Der Gott in der Höhe kommt in unsere Tiefe. Er bückt sich zu uns herunter. Tiefer geht es nicht. Gott wird ein Mensch wie Sie einer sind und wie ich einer bin! Weihnachten! Ein echtes Familienfest! Bekommen wir schließlich in Gott einen Vater und in Jesus einen Bruder! Wir sind die Familie Gottes!

Dieser Vater hat einen Wunsch an seine Kinder. Er möchte unser Herz haben. Lassen wir Gott nicht vergeblich bitten! – Wo und wie Sie auch Weihnachten erleben: mit oder ohne Christbaum; einsam oder gemeinsam mit Freunden oder in der Familie; im Dienst bei der Bahn oder im Krankenhaus; im Haus der Trauer oder auf der Etage der Freude; eines steht fest: Ihnen ist in der Heiligen Nacht der Heiland geboren! Ihnen gehört er! Jetzt und ewig! Darum: „Freut euch in dem Herrn auf allen Wegen, und noch einmal sage ich: Freut euch! Der Herr ist nahe!“ Worte aus dem Gefängnis führen uns in die Freiheit! Gott segne Sie zur Weihnacht und darüber hinaus! Amen.

Komm, o mein Heiland Jesu Christ,
meins Herzens Tür dir offen ist.
Ach zieh mit deiner Gnade ein;
dein Freundlichkeit auch uns erschein.
Dein Heilger Geist uns führ und leit
den Weg zur ewgen Seligkeit.
Dem Namen dein, o Herr,
sei ewig Preis und Ehr.

(EKG 1,5)

Die schönste Geschichte der Welt!

„Es begab sich aber zu der Zeit ...“ – so beginnt die schönste Geschichte der Welt, die ich in keiner modernen Übersetzung lesen oder hören möchte. Hören Sie mit mir in diese prächtige Geschichte hinein. „Und sie gebar ihren ersten Sohn, wickelte ihn in Windeln und legte ihn in eine Krippe; denn sie hatten sonst keinen Raum in der Herberge.“ Gottes Sohn, ein Stallkind. Weil alle Räume der Herberge belegt sind, muss der Stall herhalten. Dort aber vereinigen sich Hirten und Weise, Verachtete und Geehrte, Arme und Reiche ...! Nahe und Ferne geben bei dem Kind Gottes einander die Hand. Himmel und Erde treffen bei der Heiligen Familie aufeinander. Und keiner im Haus bekommt das mit, Jerusalem gleich gar nicht. Umso mehr die auf dem Feld, die Hirten. Das Hirtenfeld steht zuerst unter dem Licht Gottes. Dabei arbeiten dort keine vertrauenserweckenden Männer. Diebischen und streitsüchtig werden sie genannt. In Gerichtsverhandlungen dürfen sie nicht als Zeugen auftreten. Menschen ohne Recht und Stimme. Und ausgerechnet denen singen die Engel. Sie singen das Lied des Lebens und sagen herrlichste Worte! Was aber tun die Hirten? Sie glauben ihnen! Sie begreifen, danken Gott und breiten diese Botschaft aus. Ungeübte Botschafter ohne theologisches Wissen verkünden: „Christ, der Retter, ist da!" Was für eine Geschichte tischt uns Lukas auf! Hat Gott sich verkalkuliert? Weiß er nicht, dass die Glaubwürdigkeit dieser Männer von Amts wegen eingeschränkt ist? Gott weiß, was er tut! Er hat sich nicht verkalkuliert! Bis heute ruft Gott Menschen, die als seine Boten das Anliegen Christi weitertragen. Viele hat Gott aus der Gosse geholt. Heute sind sie seine Boten. Die große Weihnachtsüberraschung ist, dass Gott keine berühmten Leute als Boten aussucht. Große Namen stehen nicht an erster Stelle. Gott ruft Menschen mit großen und kleinen Charakterfehlern in seinen Dienst. Das war damals so, und heute ist das nicht anders. Das macht mich froh. Gerade an Weihnachten wird deutlich, dass Gott uns losschicken will, wie einst die Hirten, damit wir die „große Freude" unter die Leute bringen. Und das trotz eingeschränkter Glaubwürdigkeit. Diejenigen, die vor Gericht nicht zeugnisberechtigt sind, erhalten von höchster Stelle aus nicht nur die Berechtigung zum Predigen, sie sind in die Pflicht genommen. „Sie gehen nach Bethlehem und sehen die geschehene Geschichte. Sie verbreiten das zu ihnen gesagte Wort, sie kehren zurück in ihren Alltag und loben und preisen Gott!" So wir! Wir ergötzen uns nicht am Krippenspiel und am Weihnachtsoratorium, um anschließend zu Hause „der Ruh' genießen" zu wollen. Nein, wir sind gerufen, unserem Namen „Christ" Ehre zu machen, indem wir Christus in die Welt tragen. Dorthin, wo Menschen sich in Ängsten quälen; wo sie Freude suchen und Trost erhoffen. Das umfassende Weihnachtsgeschenk gibt es da, wo Sie spüren:

Gott lässt mich nicht allein! Er ist ganz in meiner Nähe durch sein Kind! Darauf darf ich mich verlassen! „Es begab sich aber zu der Zeit ...!“ Wie oft mögen Sie diese Geschichte schon gehört haben? Hören Sie die Weihnachtsgeschichte immer wieder! In der Wiederholung liegt der Segen Gottes! Amen.

Das ist der Weihnacht tiefster Sinn,
dass Liebe wieder mächtig werde
und ihre Urkraft unsrer Erde
die Hoffnung leih zum Neubeginn.

HANS BAHRS

Reisesegen

Was für ein Jahr liegt hinter uns! Wo die einen mit Feuer kämpften, flohen andere vor dem Wasser. Terroristen, Kinderschänder, Ausländerfeinde, Katastrophen aller Arten ...! Das Jahr geht nicht „still zu Ende"! Andererseits wäre es undankbar, wollten wir Gott nicht für das Gute danken, das er uns im hinter uns liegenden Jahr gegeben hat. Dank auch für die Zusagen Gottes auf der Schwelle der Jahre: „Ich lasse deinen Fuß nicht gleiten – ich behüte dich – ich schlafe nicht – wachend stehe ich neben dir!" Unterschrift: Gott! Stopfen wir den Psalm 121 mit in unseren geistlichen Rucksack! 94 Wörter, die wir uns einprägen sollten! Wie ein Reisesegen nehmen sich die Worte des Pilgers beim Aufbruch aus. Vor ihm ragen die kahlen Berge mit ihren Felsen im Bergland Judäas auf. Dort befanden sich die Kultorte der Götter, von denen der Pilger allerdings nichts erwartete. Seine Hilfe kommt einzig und allein vom Schöpfer, nicht von den Geschöpfen. – Die Landschaft des neuen Jahres liegt vor uns wie die Berge um Jerusalem. Wie Ihr Weg auch verlaufen mag, seien Sie getrost, Sie haben in Gott einen prächtigen Begleiter! Bei ihm gibt es weder Verschleißerscheinungen noch Sekundenschlaf, der Ihnen zum Verhängnis werden kann. Sie haben einen munteren Gott! Das weiß der Pilger und schreitet getrost aus. „Keine Ferien für den lieben Gott", ein Film aus Frankreich, den ich als Kind sah. Wie wahr! Er ist der einzige, der ohne Schlaf auskommt. Seine Munterkeit ist eines von vielem, was ihn auszeichnet. Die Menschen der Antike beteten viele Götter an. Welch ein Rennen von Altar zu Altar. Dabei existierten diese Götter überhaupt nicht, sie waren lediglich ein Produkt ihrer Gedanken. Wie gut sind wir dagegen dran! Wir haben *einen* Gott, der uns seinen Sohn schenkt, weil er uns liebt! Dieser Jesus *zeigt* uns den Weg, und er *ist* der Weg! Er ist der Sie Behütende! Nichts und niemand darf Ihnen Schaden zufügen, und wären es „Sonne und Mond", die uns ja das Leben garantieren. Nichts darf uns aus seiner Hand reißen, selbst die „Engel" nicht, wenn sie auch wollten, sagt Paulus. „Der Herr behüte deinen Ausgang und Eingang!" Ausgang aus dem alten Jahr und Eingang ins neue! Selbst dann, wenn es mit uns aus dieser Welt herausgeht, soll es zum Eingang in die neue Schöpfung mit uns kommen. Lassen wir uns von dem Priester in Psalm 121 sagen, dass der Gott Israels uns lieb hat und dass er uns den Raum der Geborgenheit schenkt! Der Gott Israels ist der Vater Jesu Christi und somit unser Vater! Psalm 121 – 94 Wörter! Wird es Ihnen zu schwer, sie auswendig zu lernen, dann lesen Sie diese Worte! Der helfende, muntere und Sie behütende Gott darf Ihnen nicht aus dem Sinn kommen! Allezeit hat er Sprechstunde! Machen Sie Gebrauch davon!

Der du die Zeit in Händen hast,
Herr, nimm auch dieses Jahres Last
und wandle sie in Segen.
Nun von dir selbst in Jesus Christ
die Mitte fest gewiesen ist,
führ uns dem Ziel entgegen.

Der du allein der Ewge heißt
und Anfang, Ziel und Mitte weißt
im Fluge unsrer Zeiten:
bleib du uns gnädig zugewandt
und führe uns an deiner Hand,
damit wir sicher schreiten.

JOCHEN KLEPPER

Schatzsucher – seien wir sie!

„Alles, was die Schätze an Weisheit und Erkenntnis Gottes angeht, liegt in Christus verborgen." Worte, die an die Christen in Kolossä gerichtet sind. Zu Paulus' Zeiten war dieser Flecken bedeutungslos. Aber nicht für Gott! Wir sehen wieder einmal, wie Gott das in unseren Augen Unbedeutende aufwertet. Kolossä, in der heutigen Türkei liegend, wurde von Irrlehrern belästigt. Denen trat Paulus gehörig entgegen. Er sagt, *wer* das Haupt ist: Christus! Und in diesem Haupt liegen „alle Schätze Gottes verborgen!" Denken Sie mit mir einmal über Schätze allgemein und über den Schatz Christi nach! -Schätze allgemein! „Der Graf von Monte Christo" sitzt ohne Schuld schuldig gesprochen auf einer Felseninsel ein. Von einem sterbenden Mitgefangenen erhält er eine Landkarte mit der Insel „Monte Christo". Auf abenteuerliche Weise gelangt er dorthin und wird unermesslich reich. Mit seinem Geld bewirkt er Gutes, gibt es jedoch andererseits für Rache aus. Er spielt Gott. Richter. Über seine Verräter und Peiniger. Geld macht es möglich. Geld! Der Reiz zum Reichwerden geht durch alle Zeiten hindurch. Glücksräder drehen sich, Lottoscheine werden ausgefüllt. Und Günter Jauch bringt Glück und Hass zugleich. Der sehnliche

Wunsch des Milchmanns Tewje geht durch viele Herzen: „Wenn ich einmal reich wär!“ Nicht wenigen ist das Geld zum Fallstrick geworden. Erbstreit, Familienzwist, Knast: das Ende vom Lied!

Jetzt weise ich Sie und mich zu dem Schatz Christi! Viele lehnen diese Art „Schatz und Reichtum“ ab. „Was kann ich mir davon schon kaufen? Ich stehe auf handfeste Dinge! Geld – wenn es schon nicht glücklich macht, auf jeden Fall beruhigt es!“ So ist ihre Rede. Wer so denkt entbehrt aller „Weisheit und Erkenntnis Gottes“! Der Schatz liegt nicht auf der Straße. Um an ihn heranzukommen genügt es, wenn wir uns zu Christus aufmachen. Das müssen die Leute in Kolossä zu wissen bekommen und wir nicht minder! Die Adressaten in Kleinasien suchten „Weisheit und Erkenntnis“ mehr in den Geschöpfen als im Schöpfer.

Und wir? Wir wissen um Esoterik mit ihren Geheimlehren. Unweit davon liegt das Horoskop mit seinen irrigen Versprechungen. Und die Astrologen, die unsere Zukunft „erhellen“ wollen, führen uns in ein belastendes Dunkel hinein. Hände weg von dem Zeug! Das ist nicht die Erfüllung unseres Lebens, im Gegenteil, das leert unser Leben völlig aus. Unser Stichwort lautet: Jesus Christus! In ihm ist der eine Gott gegenwärtig und umgekehrt, Christus ist in Gott! Schatzsucher – seien wir sie! Suchen wir in der Bibel, im Gebet, in der Gemeinde! Suchen wir Gott und seinen Christus, wie er uns auch sucht! Seien wir auf den „Schatz Christi“ aus! Dieser Reichtum erschöpft sich nicht in der Zeit unseres Lebens. Er hat über dieses Leben hinaus unverminderte Qualität! Ewigkeitswert! Er wird nicht von „Motten und

Rost zerfressen"! Mit Christus dürfen wir getrost in die Zukunft sehen und gehen! Der Erhöhte ist ebenso hier drunten auf der Erde, bei Ihnen und bei mir! Besseres kann uns nicht widerfahren!

Verlier lieber dein Geld um deines Bruders und Freundes willen, und vergrabe es nicht unter einem Stein.

JESUS SIRACH 29,13

DIE BIBEL

Im Deutschen: Bücher oder Buch. Buch der Bücher. Lebensbuch für uns alle. Schweizer Schüler bekamen folgendes Aufsatzthema: „Das Buch, das ich mitnähme, würde ich auf eine einsame Insel verschlagen – und warum gerade *das* Buch?" Von 476 jungen Leuten entschieden sich 251 für die Bibel. Ihre Begründung fiel erfreulich aus: „Soviel Wahrheit liegt in keinem anderen Buch" – „Sie zeigt, dass man sich nie verloren geben darf" ...! Junge Menschen, von denen man es nicht erwartet hätte, haben das Beste erkannt: DIE BIBEL! – Ein Chefpilot der Lufthansa plauderte aus dem Nähkästchen und meinte, dass die eiserne Ration für die Rettungsboote der Flugzeuge unter anderem aus „einem Abschreckungsmittel für Haifische und einer Bibel" bestehe. Zum Bordservice gehöre die Bibel nicht. Notfalls zum Sterben wird sie gebraucht; als Notaggregat in Krisenzeiten. Vielleicht. – Anders der russische Philosoph Dimitri Mereschkowski (1865-1941). Sein Bekenntnis läuft in eine andere Richtung: „Täglich las ich in der Bibel, und ich werde weiter in ihr lesen, soweit mein Augenlicht mitmacht...!" Die Bibel gehörte in sein Leben wie der Sauerstoff zur Lunge gehört. Die Bibel als „Notnagel" wäre für ihn eine

Beleidigung Gottes. Darf ich Sie etwas fragen, die Sie jetzt diese Zeilen lesen? Leben Sie mit der Bibel? – Ein junger Mann sagt zu einem Missionar in Paris, der einen Bibelstand bedient: „Baut euern Stand ab! Wer liest schon noch in einem solch altem Buch?“ Der Missionar erwidert freundlich, aber bestimmt: „Du irrst, lieber Freund, in diesem redet Gott ganz persönlich zu Dir!“ „Zu mir? Gib her, das will ich sehen!“ Der junge Spötter namens Philippe greift eine Bibel, schlägt sie wahllos auf und liest Johannes 14,9: „Jesus spricht: So lange bin ich bei euch, und du kennst mich nicht, Philippus?“ Volltreffer ins Schwarze! Schweigend legt Philippe die Bibel zurück. Gott spricht in der Bibel sehr persönlich zu uns. Ihre Lebensgeschichte wird behandelt. Die Bibel ist kein Schmöker, den ich „ausschwarte“ wie einen Roman. Sie ist Ihr Lebensbuch! Die Bibel ist das größte und beste Buch über uns Menschen! Sie baut die Brücke von Gott zu mir! Ein persönlicheres Buch gibt es nicht. Die Heilige Schrift ist Ihres „Fußes Leuchte“! Nehmen wir uns die Bibel vor. Lesen wir in ihr. Lassen wir sie uns auslegen. Betrachten wir ihre Worte; lange und ruhig. Nehmen wir sie so an, als wären sie nur für uns geschrieben – was sie auch sind! Dann sind wir an der Quelle der Kraft!

Martin Luther hält ein weises Wort für uns bereit: „Das sollt ihr wissen: Gottes Wort und Gnade ist ein fahrender Platzregen, der nicht wiederkommt, wo er einmal gewesen ist. Ihr Deutschen dürft nicht denken, dass ihr ihn ewig haben werdet, denn der Undank und die Verachtung werden ihn nicht lassen bleiben.“ Am Schluss noch eine Stimme aus der Schweiz. Ein Mädchen schreibt zum Thema Bibel: „Mit der Bibel verfehlt kein Mensch das Ziel der Christen, die Ewigkeit bei Gott!“ Goldene Worte! DIE BIBEL – MEIN LEBENSBUCH! Amen.

Es ist auf Erden kein klareres Buch
geschrieben als die Heilige Schrift;
sie ist gegenüber anderen Büchern
wie die Sonne im Vergleich mit jedem anderen Licht.

MARTIN LUTHER

Väterliche Mahnung

Von Kindern in jungen Jahren belächelt, später jedoch die Feststellung, dass die „alten Herrschaften“ nicht immer falsch lagen. Auch Salomo liegt richtig, wenn er in den Sprüchen 4,13 sagt: „Bleibe in der Unterweisung, lass nicht ab davon; bewahre sie, denn sie ist dein Leben.“ Ein Mädchen las in einem Gedichtband und fand diese Verse kitschig hoch drei. Das Buch flog ins Abseits. Dort lag es bis zu dem Tag, an dem es einen jungen Mann kennenlernte. Sie verliebten sich ineinander und siehe da, der junge Mann war der Verfasser dieser Gedichte. Das Mädchen nahm sie erneut zur Hand, las, und im Handumdrehen wurde alles anders. Erstaunt stellte die Geliebte fest, dass es die „schönsten Gedichte“ waren, die sie je gelesen hatte.

Was will ich damit sagen? Wer Gott und seinen Christus persönlich kennenlernt und eine Liebesbeziehung zu Gott gewinnt, liest die Bibel anders; liest sie neu. Liest sie als das schönste und kostbarste Buch seines Lebens! Die Bibel – das Buch der Bücher! In einem heftigen Sturm ging ein deutscher Dampfer in der Nähe der spanischen Küste unter. Tage darauf wurden Wrackteile und diverse Matrosenkleider an Land gespült. In dem einen Seemannskittel steckte ein Neues

Testament, in dem zu lesen war: „Markus Rotmann, Kolkwiese 12, Hamburg. Das erste Mal gelesen auf Bitten meiner Schwester Lotte. Das zweite Mal gelesen aus Angst vor dem Gericht Gottes. Das dritte und alle anderen Male gelesen aus Liebe zu meinem Heiland Jesus Christus!" Die Bibel verändert unser Leben, darum ist die „Unterweisung" in Gottes Wort sehr wichtig für uns. Der US-Tennisstar Andre Agassi sagte einmal ein bezeichnendes Wort: „Ich habe vor einigen Jahren den Glauben entdeckt, als ich angefangen habe, in der Bibel zu lesen!" Die Bibel – nicht Drohbotschaft, um so mehr Frohbotschaft! Das haben wir uns wiederholt zu sagen und den Menschen unserer Zeit! Nun möchte Gott aber nicht erst dann mit uns ins Gespräch kommen, wenn wir nicht mehr aus noch ein wissen; wenn wir unser Ende vor uns haben. Auch an guten Tagen, wenn wir satt sind und zufrieden, wenn wir im Frieden leben und das Leben noch vor uns haben, will Gott uns bei sich wissen. Heute will er mit Ihnen reden und mit mir. Tag für Tag will Gott mit uns verbunden sein. Er will Ihnen sagen: „Meine Unterweisung, mein Wort ist euer Leben, denn ich, der lebendige Gott, bin das Wort – in Christus ist es Mensch geworden!" Viele leben mit dem lebendigen Gott, und Sie sollen zu ihnen gehören. Wie der Matrose aus Hamburg, der in die Bibel geradezu hineingewachsen ist. Oder wie jene Soldaten in Stalingrad, die um Bibeln baten, aber nur so wenige bekamen, so dass jeder nur ein halbes Blatt Bibel erhalten konnte. Ob wenige Sätze aus dem Lukasevangelium oder aus dem Römerbrief: Alles war für sie unentbehrliches Evangelium! Wir besitzen die ganze Bibel! Bewahren wir dieses Buch, denn es ist unser Leben!

Was wir gehört und erfahren haben, was die Väter uns erzählten, wollen wir dem kommenden Geschlecht berichten: die Ruhmestaten des Herrn und seine Stärke.

PSALM. 78,3f.

„Wenn Männer weinen“

Ein ergreifendes Filmepos über den 2. Weltkrieg: sinnloses Handeln, menschenunwürdiges Benehmen, eisige Brutalität, gestorbene Hoffnung. Männer werden zu Kindern und weinen bitterlich. Was ihnen bleibt, ist der Tod – fern der Heimat. Junge Soldaten, Kinder noch, rufen nach der Mutter. Einer genügte um eine Lawine der Vernichtung loszutreten.

Auch Jesus weint. Der Jubel bei seinem Einzug in Jerusalem ist verhallt. Es ist Nacht geworden. Unheilvolle Stille über der Stadt Davids. Dort bricht Jesus in Tränen aus. Ein weinender Mann muss noch lange keine „Memme“ sein. Jesus will seinem Volk die Hand reichen, aber es schlägt sie aus. Es ist blind für das, was ihm zum „Frieden“ dient. Ein weinender Heiland. Passt das zu ihm? Er weiß, wo Israels Weg endet, darum die Tränen. Sein Volk sorgt dafür, dass der Tempel fällt. Ein neuer „Wüstenzug“ beginnt. Sie haben es so gewollt. Nun reinigt Jesus. Auch das ist ungewöhnlich für ihn. Es geht von einem Extrem ins andere. Markthallenatmosphäre im Tempel. Schwarzhandel im Heiligtum. Verschacherte Opfertiere. Sicher feiern sie Gottesdienst, aber wie! Gott soll ihr „Geschäftspartner“ sein. Räuberhöhle statt Bethaus. Soweit hat es das

Volk der Erwählung gebracht. Jetzt reinigt Jesus, dass die Fetzen fliegen. Und wieder fragen wir, ob das in das Bild Jesu passt! Tränen und Zorn? Erst das Weinen, jetzt das Umwerfen der Tische und der Rausschmiss der Händler. Es passt! Gottes Volk glaubt und betet an Gott vorbei. Nichts dringt nach oben. Es bleibt am Boden hängen. Die Erkenntnis, die alle Not wendet, wird liegengelassen wie Tand. Nun ist Jesus am Werk, der Reformator! Er aber wartet auf uns. Täglich. Wie würde er unsern Gottesdienst beurteilen? Findet er, was er erwartet? Oder entdeckt er Scheinheiligkeit, wirre Theologie und Lieblosigkeit? Auch in unseren Tagen liegt die notwendige Erkenntnis greifbar nahe. Die einen nehmen sie auf, andere lassen sie liegen. Machen wir es bloß nicht wie die Kirche zur Zeit Jesu! Er soll nicht in Tränen ausbrechen müssen über uns – er soll nicht aus- und aufräumen müssen in unseren Gemeinden. Seien wir einander Schwestern und Brüder. Nur nicht verächtlich auf andere herabsehen! Jesus wartet auf uns und sein Volk, aus dem er kommt. Sicher bricht der Tag an, an dem Israel den Messias Jesus Christus anerkennen wird. Dann wird sein Lachen über Jerusalem laut! Ein neuer Tempel ist angesagt, dessen Einzelteile längst bereitliegen. Die Schrift muss erfüllt werden. Dazu gehört, dass Jesu Volk und wir untrennbar verbunden bleiben. Jesus lädt ein und wartet. Er wartet auf uns – wir warten auf ihn. Wir warten auf sein Wiederkommen, warten auf das neue Jerusalem, das Heimat für Juden und Heiden ist! Das ist Erlösung für Heimat- und Obdachlose, für Brot- und Schutzlose! – Lass uns erkennen,

Jesus, was zu unserem Frieden dient, und lass es uns annehmen! Amen.

Unsere Generation wird eines Tages
nicht nur die ätzenden Worte und
schlimmen Taten der schlechten Menschen
zu bereuen haben,
sondern auch das furchtbare
Schweigen der guten.

MARTIN LUTHER KING

„Die Frau des Pilatus“

Die Spannung vor dem Palast des Römers nimmt zu. Lange Hälse, stechende Augen, schreiende Kehlen. Barrabas oder Jesus! Nicht Jesus! Der Terrorist soll freigeboxt werden! Plötzlich wird die Verhandlung unterbrochen. Die Frau des Pilatus lässt durch einen Boten ihr Nachtgesicht mitteilen: „Halte dich aus allem heraus!“ – Die Dichterin Gertrud von le Fort (1876-1971) stellt in ihrer Novelle „Die Frau des Pilatus“ den Römer als „traurige Berühmtheit“ dar, der später Eingang in das Glaubensbekenntnis der christlichen Kirche finden wird. Im Traum geht sie durch weite, von Menschen überfüllte Kirchenräume. Die Stimmen der Anklage werden laut: „... gelitten unter Pontius Pilatus“! Normalerweise gehen sie die Geschäfte ihres Mannes nichts an. Hier aber schreitet sie ein. Ihr Nachtgesicht ermutigt sie dazu. Sie lässt ihren Mann nicht ungewarnt. „Habe nichts zu schaffen mit diesem Gerechten, seinetwegen habe ich im Traum viel gelitten“! Ihre Warnung kommt nicht aus christlicher Erkenntnis, sondern aus ihrer kreatürlichen Angst und seelischen Qual ihres bösen Traumes. Pilatus findet offensichtlich ihren Rat annehmbar, weil er sich daraufhin eine Schüssel Wasser bringen lässt, um seine Hände vor dem Volk „reinzuwaschen“.

Damit bekundet er: „Ich habe nichts zu schaffen mit diesem Jesus!" Oh doch, Pilatus! Im Glaubensbekenntnis wirst du einmal Sonntag für Sonntag als der genannt, unter dem Gottes Sohn gelitten hat! Vergossenes Blut lässt sich nicht zuschaufeln, wie Kain es meint, als er Abel begräbt. Vergossenes Blut lässt sich ebenso wenig abwaschen wie Pilatus es denkt, als er sich wäscht. – Gottes Wege verlaufen sonderbar. Eine römische Frau reist nach Judäa, weil ihr Mann dorthin als Prokurator gesandt wird. Sie genießt den Beruf ihres Mannes, kostet ihn aus. Gerade in dem zerklüfteten Bergland begegnet Gott einer Heidin im Traum. Wie damals den Weisen aus dem Morgenland. Auch sie sind Heiden und bekommen von Gott den Befehl im Traum, eine andere Route auf dem Heimweg einzuschlagen. Bloß nicht zu Herodes zurück! Die Frau aus Rom, die lediglich nur von Göttern zu hören bekommt, erfährt die Begegnung mit dem lebendigen Gott. Während Jesu Freunde sich in Schweigen hüllen, gibt sie Zeugnis von Jesus und nennt ihn einen „Gerechten"! Sie leidet auf ihre Art und in ihren Grenzen schon etwas um Jesu willen, wenn sie es auch nicht weiß. Später, so berichtet die Legende, soll sie Christin geworden sein und Freundin der Mutter Jesu. Eine mutige Frau, die sich von Gott aufschrecken lässt. Lassen wir uns ebenso munter machen! Vergessen wir nicht, was Jesus für uns getan hat, damit wir Leben haben! Gott schenke es uns, dass wir mit dem Liederdichter bekennen können:

„Wollt ihr wissen, was mein Preis?
Wollt ihr lernen, was ich weiß?
Wollt ihr sehn mein Eigentum?
Wollt ihr hören, was mein Ruhm?
Jesus, der Gekreuzigte"!

Gott ist auf unserer Seite,
wer kann uns dann noch etwas anhaben?
Er schonte nicht einmal seinen eigenen Sohn,
sondern ließ ihn für uns alle sterben.
Wird er uns dann mit ihm nicht alles schenken?

PAULUS IM RÖMERBRIEF

FROHE OSTERN!

Wir sagen es. Wir hören es. Wir lesen es in den Schaufenstern und auf Süßigkeiten aller Arten. FROHE OSTERN! Wie werden bei Ihnen die Feiertage ausfallen? Fröhlich, oder tragen Sie an einer Sorge, an einem Leid? Liegen über Ihnen eher die Wolken des Karfreitags? – In Gedanken nehme ich Sie mit in die Parkanlage eines alten Schlosses. Dort befindet sich ein „Irrgarten", ein Labyrinth aus Hecken. Hineingehen ist leicht, herausfinden schwierig. Ein solches Labyrinth ist unsere Weltgeschichte. In ihr geben sich Frieden und Krieg, Wohlstand und Hunger einander die Hand. Wo aber ist eine Stelle, an der wir gezeigt bekommen, wie wir aus diesem schrecklichen Labyrinth herausfinden? Hinzu gesellen sich Unglücksmeldungen, Todesfälle, berufliche Sorgen und familiäre Tiefs sowie Katastrophen rund um den Erdball. Und auf diesem Hintergrund hören wir die beiden Worte:
FROHE OSTERN!

Ein Mann, vom Leid geprüft, pflegte, wenn es ihn besonders hart traf, mit dem Zeigefinger nach oben zu weisen und zu sagen: „Es wird regiert, darauf darfst du dich verlassen!" Nach einer Pause fügte er hinzu: „Du darfst nicht nur nach rechts und links schauen, du musst deinen Blick nach vorn richten!“ Das nannte er, wie afrikanische Christen es sagen: „Durch den Horizont sehen!“ Der Blick durch den Horizont machte den Angeschlagenen getrost. Selbst im Leid konnte er sich gehalten wissen. Was sehen wir hinter dem Horizont? Das Leben! Wir sehen die Zukunft, die bereits begonnen hat! Sehen den Auferstandenen, dessen Gegenwart alles andere als Träumerei ist!

Ostern begann in einem Grab in Jerusalem. Von „FROHE OSTERN“ war dort zunächst nichts zu spüren. Das Karfreitagsgeschehen führte die Frauen und die Jünger geradezu in einen „Irrgarten“, in ein Labyrinth, aus dem es scheinbar kein Entrinnen gab. Trauer und Schrecken umhüllten die Jünger Jesu. Bis Jesus sie selbst aus dem Todeslabyrinth herausholte und alle Niedergeschlagenheit in Freude verwandelte. Aus dieser Freude wurde der Osterjubel, der durch die Jahrtausende sich fortbewegte. Der sich fortbewegen wird bis an den Tag, an dem der Gott in Christus alles neu macht!

Vertrauen Sie mit mir darauf, dass Gott die Welt regiert und dass Christus das letzte Sagen hat! Ostern ist Sieg! Der Tod hat ausgespielt! Und das Grab, das auf uns wartet, ist Durchgangsstation und nicht der Aufenthaltsort für die Ewigkeit! Gräber sind nicht das unerbittliche Ende, sondern der Anfang eines neuen Lebens! Schauen Sie mit mir durch den „Horizont“ auf das Morgen – in die Zukunft! Lassen Sie uns vom Ziel her leben! In diesem Sinn – und nur in diesem Sinn – wünsche ich Ihnen GESEGNETE und FROHE OSTERN! Amen.

Christus sei mit dir –
Christus sei vor dir –
Christus sei in dir –
Christus sei unter dir –
Christus sei über dir –
Christus zur Rechten ––
Christus zur Linken.
ER ist die Kraft –
ER ist der Friede!

IRISCHER SEGENSWUNSCH

„Du bist bei mir“

„Evergreens“ – Lieder, die bleiben, die überdauern. Melodien, die „immer grünen“. Ein solches Lied ist der Psalm 23. „Und wenn ich auch wanderte im finsteren Tal, fürchte ich kein Unglück, denn du bist bei mir“ – das ist der Kernsatz, das Urgestein. Auf dieses Fundament baut sich alles andere auf. „Du bist bei mir“! Das Bekenntnis Davids will Ihr Bekenntnis werden. Nie sind Sie allein. An keinem Tag, in keiner Stunde. Ihr „guter Hirte“ Jesus ist mit Ihnen auf dem Weg. Alle, die gegen Sie stehen, werden es hinnehmen müssen, dass Sie Kind des Hauses sind, des Hauses Gottes. Dort sind Sie nicht nur Kostgänger, dort sind Sie zu Hause. Auf ewig! Kein Tag, an dem der „gute Hirte“ Jesus nicht bei Ihnen wäre! Denken wir an die uns allen bekannten „Spuren im Sand“. Wo wir nur das eine Spurenpaar im Sand sehen und meinen, Gott lässt uns allein gehen, wo er doch gesagt hat, immer bei uns zu sein, da trägt er uns!

„Du bist bei mir!“ Ulrich Parzani, Pfarrer und Evangelist, bekannt aus „Pro Christ“, berichtete über ein ergreifendes Erlebnis. Mit den Eltern und drei Geschwistern stand er um das Bett eines toten jungen Mannes. Am Morgen auf dem Weg zur Arbeit wurde er von einem Auto erfasst. Vergebens kämpften die Ärzte um sein Leben. Zwanzig Jahre jung. Ulrich Parzani las Worte der Bibel, auch den Psalm 23: „Der Herr ist mein Hirte"! Keiner wollte weggehen. Ärzte und Schwestern ließen ihnen Zeit. Plötzlich fing der neunzehnjährige Bruder an zu singen. Seine Stimme zitterte. Dann wurde sie stärker. Worte der Hoffnung und des Lebens wurden in dem Sterbezimmer laut. Ungewöhnlich ist das schon, dass am Ort des Todes das Leben dominiert. „Bis ans Ende der Welt, bis ans Ende der Zeit – deine Liebe bleibt bis in Ewigkeit ..."! Alle Strophen des Liedes sang er durch. Und immer war es der Kehrreim des Liedes, der den Raum beherrschte: „Bis ans Ende der Welt, bis ans Ende der Zeit – deine Liebe bleibt bis in Ewigkeit ..."! Alle stimmten mit ein; erst leise, dann fester und voller Zuversicht. Ein Segen, dass es einen gibt, der vor dem Tod nicht in die Knie gehen muss. Ein Segen, dass es Jesus gibt. Er hat den Tod besiegt. Nun darf uns nichts und niemand mehr von Jesus trennen. Das macht Paulus deutlich in Römer 8, dem stärksten Kapitel seines Briefes an die Gemeinde in Rom. Darin zählt er auf, wer oder was uns von Gott und seinem Christus trennen könnte. Er geht soweit, dass er selbst die „Engel" nennt, die durchweg zu unserem Wohl unterwegs sind und uns auf Gottes Befehl hin „behüten" müssen. Selbst wenn sie uns von Gott trennen wollten, sie dürfen es nicht! Merkwürdig, was Paulus hier sagt; doch mit diesen überspitzten Worten macht er deutlich, dass es nichts gibt, das uns von Gott wegbringen kann!

Das „finstere Tal“ im Psalm 23 ist das „Tal der Todesschatten“. Selbst da, wo wir den letzten Weg antreten müssen, wissen wir: „Du bist bei mir“! Danke, Jesus, dass „... deine Liebe bleibt bis in Ewigkeit ...“!

Führe mich, o Herr, und leite
meinen Gang nach deinem Wort;
sei und bleibe du auch heute
mein Beschützer und mein Hort.
Nirgends als von dir allein
kann ich recht bewahret sein.

HEINRICH ALBERT

„Weise mir, Herr, deinen Weg!“

David, der König Israels, befindet sich in großer Bedrängnis. Er weiß weder aus noch ein. In dieser aussichtslosen Lage betet er zu Gott. Er soll ihm den Weg zeigen; Gottes Weg mit ihm. Wie oft rede ich von „,meinem Weg“. Oder man sagt: „Der macht schon seinen Weg“, wenn einer in seinem Beruf Stufe um Stufe die Erfolgsleiter hochsteigt. „Macht“ er ihn wirklich? Dann gibt es den Weg, den wir selber anlegen, den wir uns erzwingen möchten, und das ist nicht immer ein froher und gesegneter Weg. Am besten, wir lassen unsern Weg *seinen* Weg sein! Gottes Weg! Darauf gehen Sie garantiert in der Geborgenheit Gottes! – Der französische Schriftsteller, Flieger und Christ Antoine de Saint-Exupéry (1900-1944) erzählt in einem seiner Fliegerbücher ein interessantes Erlebnis: In Arabien war eine Ratte in sein Flugzeug geraten. Es überlief ihn heiß und kalt, weil er umgehend die Gefahr erkannte. Wenn die Ratte anfing, ein Kabel anzunagen, war eine Katastrophe vorprogrammierte. Ihm blieb nur eines übrig: Er schaltete das Höhenruder ein, das die Maschine in die Höhe trug; dorthin, wo die Luft so dünn war, dass die Ratte nicht mehr leben konnte. Das war seine Rettung. Das Tier starb. Schauen wir unsern

Glauben an, der einem Überlandflug gleicht. Allzu gern reisen „Ratten“ mit, die uns bedrohen. Diese „Ratten“ tragen Namen wie Müdigkeit, Gleichgültigkeit, Zweifel, Unglaube, Lieblosigkeit ...! Sie ängstigen uns, wollen uns lahmlegen und entkräften. So kann es geschehen, dass uns alles egal wird, was unser Glaubensleben angeht. Wollen wir das? Möchten wir aufgeben und bruchlanden? Es gibt eine Rettung! Stellen wir das „Höhenruder“ ein und auf in die Zone des Glaubens! Zu Gott! Dort sind wir geborgen! Dort haben die „Ratten“ keine Lebenschance mehr. Lassen wir uns in das Gespräch mit Gott ein. Als Betende sind wir auf dem Weg Gottes. Und umgekehrt: Gott ist auf unserem Weg. – Ein Sprichwort aus Arabien sagt: „In schwarzer Nacht auf schwarzem Stein eine schwarze Ameise. Gott sieht sie!“ Auch Sie sieht er, sein Kind! Nur sehen? Er ist bei Ihnen und trägt Sie auf seinem Weg! Gesehen und beachtet werden mag schön sein; begleitet und getragen werden ist mehr als schön. Gott hat Sie auf seinem Weg im Blick und im Griff! In Ihrer Gegenwart und Zukunft sind Sie in Gott geborgen! – „Weise mir, Herr, deinen Weg!“ Unser Leben ist keine Fahrt ins Blaue, ist nicht der Weg nach Irgendwo. Unser ganzes Leben ist Heimweg! Der eine ist früher am Ziel, der andere später. Sicher gibt es an den Wegrändern „Ratten“, die uns bedrohen und an unserem Glauben „nagen“ möchten. Doch wir besitzen das „Höhenruder“! Stellen wir es ein. Reden wir mit Gott. Dunkelheit wird es geben auf unserem Glaubensweg, aber Gott sieht uns! Sprechen wir auf dem Heimweg andere an. Gehen wir nicht im Alleingang! Als „Solo-Christ" leben wollen, ist zu anstrengend. Darum: „Weise uns, Herr, deinen Weg" – „uns"! Segne uns auf ihm und bringe uns heim!

Weiß ich den Weg auch nicht, du weißt ihn wohl;
das macht die Seele still und friedevoll.
Ist's doch umsonst, dass ich mich sorgend müh,
dass ängstlich schlägt das Herz, sei's spät, sei's früh.

Du weißt, woher der Wind so stürmisch weht,
und du gebietest ihm, kommst nie zu spät;
drum wart ich still, dein Wort ist ohne Trug,
du weißt den Weg für mich, das ist genug.

HEDWIG VON REDERN

„Ich bin der Herr, dein Gott"

Mit der Vorstellung Gottes beginnen die Zehn Gebote. Vertrauen wir uns Gott getrost an, der uns von Mutterleib an führt. „Ich bin der Herr, dein Gott"! Buchstabieren wir diesen Satz! – „Ich bin" – Gott lässt keinen Zweifel an seiner Existenz. Viele haben an ihr gerüttelt, doch vergeblich. Keiner setzt sie außer Kraft. Der römische Kaiser Julian, später „der Abtrünnige" genannt, war ein erbitterter Feind der Christenheit. In allen Varianten kämpfte er gegen die Christenheit. Das Letzte war ein blutiger Feldzug gegen die Christen. Seine Heidenpriester sagten ihm einen triumphalen Sieg voraus, doch das Gegenteil traf ein. Er fiel und starb mit den Worten: „Du hast doch gesiegt, Galiläer!" Zeugnis wider Willen. Bis heute steht fest: Nichts und niemand wird Christus und seine Gemeinde vernichten können. „Ich bin"! Das dürfen auch Sie sagen, die Sie mit Christus verbunden sind! – „Ich bin der Herr" – einer, der sich nicht vereinnahmen lässt. Dieser große, allmächtige Gott gibt uns sein Kind. In ihm kommt er zu den Ohnmächtigen und Vergänglichen. Dieser Jesus ist für uns das Beste, das es gibt. Bezeichnungen, die unmittelbar zu dem Namen Jesus Christus gehören, sind seine „Ich-bin-Worte": „Brot" – „Licht" –

„Hirte“ – „Tür“ – „Weinstock“ – „Auferstehung“ – „Weg“ – „Wahrheit“ – „Leben“! „Ich bin“ dies alles für euch! Jesus versetzt Sie in den Stand, in dem Sie sagen dürfen: „Ich bin unvergänglich durch Christus!“ – „Ich bin der Herr, dein Gott“ – es wird immer schöner. Wie eine Liebeserklärung hört sich das an: „Dein Gott bin ich! Dir gehöre ich!“ Zuwendung total! Worte an ein Volk, das die Treue Gottes nicht immer mit Treue beantwortet, er aber ist Israel unermüdlich nachgegangen. Nicht anders verfährt er mit uns. Wäre niemand mehr für uns präsent, dann ist es auf jeden Fall der Gott in Christus, der nicht von unserer Seite geht! – „Ich bin dein“! Diese drei Worte sind Evangelium pur! Geben wir auf diese Liebeserklärung Gottes eine Antwort: „Ich, oh Herr, bin dein!“

Der Israel führte und führt, ist auch mit Ihnen unterwegs. Er wird Sie an das Ziel bringen, wo es Freiheit grenzenlos gibt. Ungetrübte, endgültige Freiheit! Nicht die „grenzenlose Freiheit über den Wolken“. Diese wäre noch „Welt“, gefallene Schöpfung; wäre „Sky“, der Wolkenhimmel. Unser Ziel ist der „Heaven“, der Gotteshimmel, das Paradies! Neues Eden. Ohne Schlange, dafür mit dem Sohn! –

„Ich bin der Herr dein Gott“! Etwas Schöneres kann Gott uns gar nicht sagen. Haben wir das begriffen, pfeifen wir auf Götzen aller Arten. Wir dulden nur einen Gott, den wahren und liebenden, der uns „die Seinen“ und sich „den Unseren“ nennt. Im Vaterhaus Gottes brauchen Sie nicht einmal die Klinke herunterzudrücken, denn die Tür ist dort nur angelehnt. So einfach ist das. Leichter kann Gott es uns nicht machen bei unserer Heimkehr! – „Vergiss nicht, „mein Kind, ich, der allmächtige Gott, bin dein – dein!“ Das ist gewiss wahr! Amen.

Möge die Strasse dir entgegeneilen,
möge der Wind immer in deinem Rücken sein.
Möge die Sonne warm auf dein Gesicht scheinen
und der Regen sanft auf deine Felder fallen.
Und bis wir uns wiedersehen,
halte Gott dich im Frieden seiner Hand.

IRISCHER SEGENSWUNSCH

Fackelträger gesucht!

Ein junger Mann aus Nordhausen schreibt im Internet: „Jede Aktion, die dazu dient, der jämmerlichen Christenheit einen Schaden zuzufügen, ist es wert, unterstützt zu werden. Empfehlen würde ich eine Kirchenbrandstiftung, oder wenn nötig Mord an einem oder mehreren Christen!" Ein anderer fügt hinzu: „Kirchenbrandstiftungen finden wir cool. Sie sind locker und erfordern eine Menge Mut. Wie gerne würde ich die Christenkirchen unserer Stadt abfackeln!" Grausame Mitteilung im „SONNTAG" am 07.02.1999 unter der Überschrift: „Mordaufruf im Internet!" Ein ganz anderer Auftrag ergeht an uns. Aufruf zur Entscheidung für Christus und seine Gemeinde. Diese will täglich getroffen werden. So ernst die Gegner Jesu ihr Ziel verfolgen, so entschlossen wollen wir das unsere im Auge behalten. Dem „Mordaufruf im Internet" setzen wir den Aufruf zum Leben entgegen. Am Anfang von Johannes 6 sättigt Jesus fünftausend Menschen; eine stürmische Seefahrt schließt sich an, und dann die Predigt, in der Jesus sich „Brot des Lebens" nennt. Das ist zu viel. Wie kann er „Brot des Lebens" sein? Viele gehen von ihm weg. Kein Wunder, dass er seine Jünger fragt: „Wollt ihr auch weggehen?" Auch uns fragt er! Keiner würde sich mehr freuen als Jesus selbst, wenn wir bei ihm aushalten! Dabei zwingt er keinen. Zwang bringt nichts. Jesus will keine erzwungenen Nachfolger. – Wollen Sie auch weggehen? Und wohin? Mit wem wollen Sie gehen? Wem wollen Sie sich anvertrauen? Auf Jesu Frage hin antwortet Petrus mit einer Gegenfrage: „Herr, zu wem sollten wir gehen? Es gibt keinen Besseren als dich! Du, der Heilige Gottes, hast Worte des ewigen Lebens!" Aufruf zum Leben, zu Christus! Nicht „Kirchen abfackeln", dafür „Fackelträger" sein! Lichtträger in einer Welt voller Dunkelheit! Als Junge Gemeinde sangen wir: „Wir jungen Christen tragen ins dunkle deutsche Land ein Licht in schweren Tagen als Fackel in der Hand"!

Dabei denke ich an die „Fackelträger der Bergwacht", die über die Schneefelder des Hochgebirges eilen, um Verunglückte zu bergen. An Jesus scheiden sich die Geister. Die einen stellen sich gegen ihn und wollen ihn und alles, was mit ihm zusammenhängt, vernichten; andere, zu ihnen gehören wir, stellen sich auf seine Seite und stärken sich am „Brot des Lebens"! Jeder Tag ruft uns zur Entscheidung! Für oder gegen Jesus! Entscheidungen gibt es mitunter in letzter Minute. Wir ahnen gar nicht, was in wenigen Sekunden alles geschehen kann. Betroffene erzählten, dass in Schrecksekunden ihr ganzes Leben an ihnen vorüberzog. Selbst in solchen Augenblicken können noch Entscheidungen für Christus getroffen werden! Wie, wann und wo: Begegnung mit Christus ist alles! Bleiben wir auf dem Weg, der Christus heißt und zum Leben führt! Der heilige Gott, endlos und allmächtig, kommt in unsere Niedrigkeit und wird unser Heiland und Bruder! Erniedrigung Gottes, damit wir Leben haben! Amen.

Heilige sind Menschen, durch die es anderen leichter wird, an Gott zu glauben.

NATHAN SÖDERBLOM

Einmaliger Rückenwind!

„Buchenwald", Lager der Gequälten oberhalb der Musenstadt Weimar. In Gedanken sehe ich sie vor mir, die „nackt unter Wölfen" gedemütigt, geschunden und gemordet wurden. Unter anderem gab es einen Karren voller Steine, den die Häftlinge über den Ettersberg ziehen mussten. Dazu kam der verhöhnende Ruf: „Singt"! Sie hießen die „singenden Pferde" von Buchenwald. Wenn wir dagegen zum Singen ermuntert werden, ist das etwas ganz anderes. Wir lernen die Musik mit ihrer heilenden Kraft kennen. Siehe Saul, der König Israels, ein Mann voller Dunkelheit und Schwermut. Ein Wanderer zwischen Hass und Liebe. Er wusste um Davids Musikalität und ließ ihn holen. Der Junge soll ihn mit seinem Harfenspiel trösten, aus seiner Niedergeschlagenheit herausholen. Die beruhigende Gewalt der Musik bekam dem König gut. Doch die bösen Mächte weichen nicht kampflos. Sie treten zum Gegenstoß an. Merkwürdig ist das schon: Der Trostsucher will den Trostbringer umbringen. – Nicht von ungefähr wird die Musik im medizinischen Bereich angewandt. Das Geheimnis der Musik in ihrer heilenden Kraft führt uns immer wieder zur Dankbarkeit Gott gegenüber, der Heil und Rettung schafft. Musik legt heilende Kräfte frei. Sie rührt an und weicht den Boden auf, wie milder Regen das Erdreich auflockert. Sie bahnt dem Gotteswort einen Weg. Darum ist der Gottesdienst in das Singen und Spielen eingebettet. Musik bringt unser Herz zum Schwingen. Sie ist Seelsorge und erreicht mitunter mehr das Herz als das gesprochene Wort.

Die Musik und ihre heilende Kraft weiß ebenso um ihren sieghaften Ruf! Das Lied der Kirche ist in seinem innersten Kern ein Osterlied! Das Siegeslied der Gemeinde ist die Hauptmelodie der gesamten biblischen Botschaft! Mit dem Tod geht zwar ein Weg zu Ende, aber mit der Auferstehung beginnt ein neuer Weg! An Gräbern nehmen wir Abschied, an ihnen beginnt aber auch die neue Schöpfung! Diese wird von dem Osterlied umspannt und darf jubeln und singen! – Wir sind nicht die „singenden Pferde" vom Ettersberg, die ausgewechselt wurden, wenn sie zusammenbrachen und starben.

Wir sind nicht ein „Gefangenenchor", dessen „Gedanken in die Freiheit flogen"; ebenso wenig sind wir jene, die „große Lust auf Freiheit" in sich trugen. Die „singenden Pferde" oberhalb Weimars, der Stadt der Dichter und Denker, zogen dem sicheren Tod entgegen. Wir, die Gemeinde des Auferstandenen, dürfen singen und haben das Leben als Ziel! Unser Musizieren hat Zukunft! Helle Zukunft! Das Kommando „Singt!" auf dem Ettersberg war ein unverschämter, entmenschender Befehl. Die Aufforderung „Singt dem Herrn ein neues Lied!" dagegen, ist ein berechtigter Aufruf. „Kantate" – „Singt" ist der Name des heutigen Sonntags und ist ein Programm! Als diejenigen, die Ostern im Rücken haben, sind wir auf dem besten Weg! Rückenwind ist immer gut. Nicht nur für Radsportler. Für alle, die wir auf dem Weg sind! Der lebendige Christus geht vor uns und hinterher! Von allen Seiten sind wir umgeben vom Leben, vom Lebendigen! Was wollen wir mehr! Amen.

Die Hoffnung nährt mich,
sie nährt die halbe Welt,
und ich habe sie mein Lebtag
zur Nachbarin gehabt,
was wäre sonst aus mir geworden.

LUDWIG VAN BEETHOVEN

Weihnachten und Ostern geschahen gewissermaßen unter Ausschluss der Öffentlichkeit. Das Kind im Stall von Bethlehem sahen nur einige Analphabeten, verachtete Hirten, die nicht einmal vor Gericht als Zeugen auftreten durften. Jerusalem, die Heilige Stadt, blieb im Bett und schlief. Ihr erschien kein Engel in der Christnacht. Und zu Ostern erfuhren nur ein paar Frauen zuerst, dass Jesus auferstanden ist. Die Jünger glaubten ihnen kein Wort, so dass Jesus selber ihnen deutlich machen musste, dass die Frauen recht gehört haben. Pfingsten dagegen geschieht vor einer großen, internationalen Öffentlichkeit. „Da werde ich allen Menschen meinen Geist geben". Und schon sind einige mit spöttischen Bemerkungen zur Stelle und halten die Betroffenen für betrunken.

O nein, sie waren nicht „voll süßen Weins", sie haben Pfingsten erlebt! Die Gemeinde des Jesus von Nazareth ist gegenwärtig! Die Kirche Jesu Christi ist ins Leben gerufen! -Pfingsten – im Griechischen heisst das Pentekoste: fünfzig Tage! Ein unfestlicher Name, doch fünfzig Tage nach Ostern geschah etwas, das bis heute nicht aufzuhalten ist! Es ist Kirche geworden! Petrus ist der erste, der die großen Gottestaten in der Vollmacht des Heiligen Geistes bezeugt! Jetzt erfüllt sich, was jahrhundertelang durch die Propheten angekündigt: wurde: „Da werde ich allen Menschen meinen Geist geben"! Gott geht auf das Ziel der Menschheitsgeschichte zu. Alle, ohne Rücksicht auf Stand, Geschlecht und Rasse, erhalten Gottes Geist!

Das Großartige aber ist: Einheimische und Ausländer verstehen einander und haben sich lieb! Es ist nicht aufzuzählen, was seit jenem ersten Pfingsttag in Jerusalem in unsere Welt an Segen, Heil und Gnade hineingeflossen ist! Gaben der Liebe, der Rettung und des Friedens sind praktiziert worden – und werden es noch! Die guten Gaben des Heiligen Geistes sind unter uns! Nutzen wir sie! Wir wissen nicht, wie viel Zeit uns noch gegeben ist. Geben wir dem Geist Gottes Raum, der uns beleben will. Erkennen wir den Auftrag Gottes, der uns erteilt wird. Nehmen wir ihn an, es könnte der Letzte sein. Lassen wir uns von Gott anrühren, berühren, damit sich in uns etwas bewegt!

Ein bekannter Prediger betet einen Satz besonders gern und oft: „Berühre mich dort, Herr, wo ich deine Berührung am meisten gebrauche!" Nehmen Sie dieses Gebet auf und beten mit mir um die Berührung Gottes, die uns stark macht und tröstet, die uns leben und glauben lässt! Pfingsten schickt uns auf den Weg! Menschen, die vieles unberührt und kalt lässt, sollen die Berührung der Liebe und des Lebens empfangen – nicht zuletzt durch uns! Amen.

Die Ameise kennt die Formel ihres Ameisenhaufens,
die Biene die Formel ihres Bienenstocks.
Sie kennen sie zwar nicht auf Menschenart, sondern
auf ihre Art. Aber mehr brauchen sie nicht.
Nur der Mensch kennt seine Formel nicht.

FJODOR M. DOSTOJEWSKI

Gesegnete Trinität!

„Gott hat uns nicht einen Geist der Verzagtheit gegeben, sondern der Kraft, der Liebe und der Besonnenheit". – Christen, die sich treu zu ihrem Herrn bekennen, auch wenn ihr Leben bedroht wird, sind rar geworden. Einer dieser tapferen Zeugen ist der brasilianische Bischof Dom Helder Camara gewesen. Er stand zu dem, was er sagte. „Wenn mein Leben als Opfer verlangt wird, wie das von Gandhi oder Martin Luther King, bin ich bereit, damit es in der Welt etwas mehr Gerechtigkeit und Liebe gibt".

Gott gibt kraftvoll, hebend, besonnen! – Kraft! Aus ihrer Fülle leben wir in den Jahren der Jugend. Wir bringen Leistungen, die wir mit „links" zu meistern scheinen und erreichen Ziele, von denen wir heute nur träumen. Später kommen wir in die Jahre, in denen wir sehnsüchtig Rückschau halten auf die Tage der Kraft, in denen uns alles, was wir zu bewältigen hatten, nur so von der Hand gegangen ist. Krankheiten stellen sich ein, der Atem wird kürzer und Schritte verlieren an Schnelle. Doch mitten in dem Verschleiß der Kräfte entdecken wir eine Kraft, die nicht in unseren Knochen liegt. Das ist die Kraft, die Gott uns durch seinen Geist gibt. Ein prächtiges Geschenk! – Liebe! Ein abgegriffenes

Wort. Dabei ist sie es, die uns leben lässt. Wo sie fehlt wird es kalt. In Jesus hat die Liebe Gottes Gestalt angenommen. Nehmen wir Jesus an, nehmen wir seine Liebe an. Diese aber will weitergegeben werden. Mit einem Gruß kann das beginnen, und es läuft weiter über ein gutes Wort bis hin zu Handreichungen und Fürbitte. Liebe ist keine Frage der Theorie, sie ist Tat. Sie ist mehr als Lippenbekenntnis. Wer nur mit Worten liebt, heuchelt. Wer Jesus liebt, hält und befolgt seine Worte. Nachfolge Jesu ist Liebe in Aktion. – Besonnenheit! Deren Geist hat Gott uns gegeben. Dabei denke ich an Besinnung; ich denke an Nachsinnen, Nachdenken, denke an überlegt handeln. Ich überlege, was ich sage und tue. Gott gibt nicht einen Poltergeist oder einen Geist der Gedankenlosigkeit. Er hat mir den Geist gegeben, der Ordnung schafft; einen kreativen Geist, der Chaotisches ordnet; der sich vom Ziel her und zum Ziel hin kraftvoll anbietet. Darum sprechen wir nicht nur vom Heute, sondern ebenso vom Morgen, von unserer Zukunft. Wir wissen um eine letzte Verantwortung im Gericht. Deshalb tragen wir mit dazu bei, dass die Gemeinde Christi am Leben bleibt. Gottes Wille ist es, dass der Geist der Kraft mit dem Geist der Liebe und der Besonnenheit eine unlösbare Einheit bildet. Gesegnete Trinität! Eine unaufgebbare Gleichung, diese drei! Sie gehören zusammen wie Vater, Sohn und Geist! Der Heilige Geist ist auch heute noch die geheime Nabelschnur, die uns mit dem Vater und dem Sohn verbindet. Durch sie bekommen wir Kraft, Liebe und Besonnenheit. Durch sie werden wir Kinder Gottes und Schwestern und Brüder Jesu und – bleiben es!

Gott Vater, Gott Sohn, Gott Heiliger Geist, erfülle mich mit einem festen Glauben an dich, einer lebendigen Hoffnung auf dich und einer innigen Liebe zu dir und den Menschen unserer Zeit! Amen.

Brunn alles Heils dich ehren wir
und öffnen unsern Mund vor dir;
aus deiner Gottheit Heiligtum
dein hoher Segen auf uns komm.

Der Herr, der Schöpfer, bei uns bleib,
er segne uns nach Seel und Leib,
und uns behüte seine Macht
vor allem Übel Tag und Nacht.

Der Herr, der Heiland, unser Licht,
uns leuchten lass sein Angesicht,
dass wir ihn schaun und glauben frei,
dass er uns ewig gnädig sei.

Der Herr, der Tröster, ob uns schweb,
sein Antlitz über uns erheb,
dass uns sein Bild werd eingedrückt,
und geb uns Frieden unverrückt.

Gott Vater, Sohn und Heilger Geist,
o Segensbrunn, der ewig fließt
durchfließ Herz, Sinn und Wandel wohl,
mach uns deins Lobs und Segens voll!

GERHARD TERSTEEGEN

„War das alles im Leben?“

Gemeindefest im Grünen. Die Sonne brennt, doch es ist vorgesorgt. Diverse Getränke löschen den Durst. Ist er gestillt, beruhigt sich der Kreislauf. Gott sei Dank, in unserm Land brauchen wir keinen Durst zu leiden. Doch bekommt jeder, was sein Herz begehrt? Eine Frau sagte: „Ich habe einen lieben Mann, und trotzdem fehlt mir die letzte Geborgenheit!“ – Ein über Achtzigjähriger, in seiner Jugend als Sportler geehrt, in den Berufsjahren den Betrieb nach oben geführt, sitzt mit guter Altersversorgung im eigenen, wohlausgestatteten Haus und fragt: „War das alles im Leben?“ Viele sitzen trotz äußerlichem Versorgtsein im Innersten auf dem Trockenen. Hinter den Fassaden eines gut geführten bürgerlichen Lebens brennt in der Seele der Durst nach dem Letzten und Wahren; nach dem, was Partnerschaft, Erfolg und angenehmes Auskommen nicht abdecken können. Sie haben Durst nach dem, was auch in Krisen standhält. Die Menschen unserer Tage suchen Vergnügen, Ablenkung und Zerstreuung, suchen Fröhlichkeit und müssen oft feststellen, dass alles am Ende nur Krampf ist. Selbst die Arbeit ist nicht der Asylort, der ihre Gegenwart und Zukunft erhellt. „Omnia vincit labor" steht an einem Leipziger Hochhaus der zwanziger Jahre. „Alles besiegt die Arbeit". Oh nein! – „Arbeit war sein ganzes Leben" lesen wir in Todesanzeigen. Welch armer Mensch muss er gewesen sein! Sklave seiner Unruhe! – „Gott, du bist mein Gott, den ich suche. Es dürstet meine Seele nach dir, mein ganzer Mensch verlangt nach dir ..."! David kennt diesen Durst, den Durst nach Gott. Er ist die Quelle, und der König Israels weiß, wo er seinen Durst löschen kann.

Begeben Sie sich mit mir auf die Suche nach einer Quelle! Wir finden sie im Wort Gottes und in seiner Gemeinde. So einfach ist das. Jesus ist Gottes große Einladung an alle, die Verlangen nach einem erfüllten Leben haben. „Wen dürstet, der komme zu mir und trinke", sagt er. In der Regel ergehen an uns viele Einladungen. Sie erreichen uns per Post und per Telefon. Darunter befinden sich brauchbare und solche, die mit Vorsicht zu genießen sind. Die Einladung Gottes aber dürfen Sie bedenkenlos annehmen! Sie ist ehrlich und einmalig wertvoll! – Wir möchten nicht, dass unsere Kinder zum Beispiel mit „allen Wassern gewaschen" sind. Im Gegenteil, sie sollen mit dem Wasser der Gerechtigkeit, der Barmherzigkeit, der Liebe und des Friedens reingewaschen werden! Wir möchten, dass unsere Kinder mit dem Wasser des christlichen Glaubens und des Heiligen Geistes übergossen, beeinflusst und getauft. werden! Weil das so ist, beten wir: „Lebenswasser, Lebensbrot; Herrscher über alle Not, speise mich mit deinem Wort, dass ich find die Himmelspfort!" Amen.

Die Kirche hat es dazu kommen lassen, dass das Christentum immer weniger der Sauerteig war und das Salz, sondern dass es im Teig der Welt zur vereinzelten Rosine wurde. Es stand dann jedem frei, die Rosine mitzuessen

Christentum wurde Geschmackssache.

INA SEIDEL

„Gott lieben, das ist die allerschönste Weisheit“

So in Sirach 1,14. Der Evangelist Dr. John Mott wurde von einem jungen Deutschen nach seinem größten Reiseerlebnis gefragte Er zählte auf, wo er überall gewesen ist. „Das größte Erlebnis aber“, so fuhr er fort, „war dies: Ceylon früh um fünf. Ich ging spazieren. Vor mir ging ein junger Ceylonese, der unter dem Arm ein Neues Testament trug. Er setzte sich, was ich auch tat. Der Junge hatte mich nicht bemerkt und las laut in seiner Muttersprache Gottes Wort! Das war das Beste, das ich auf meinen Reisen erlebte! Weisheit und Kraft holte der Junge beim lebendigen Gott! Was gibt es wohl Klügeres?!“ – Sie können nicht das Schicksal lieben, aber Gott können Sie lieben, der in Christus an Ihrer Seite geht. Sie sind nicht ein Blattwerk, das der Wind vor sich hertreibt. Sie sind von Gott umgeben, der Sie hält und trägt, weil er Sie kennt, mag und liebt. Mit dem „Gott lieben“ ist nicht eine Haltung von Schwachköpfen gemeint, die ein Stück über der Erdoberfläche schweben und die Welt fliehen, weil sie mit der gefallenen Welt nichts mehr zu tun haben wollen. O nein! Leute wie Joseph und Mose, wie Petrus und Paulus hatten einen direkten Draht zum Himmel, sind aber trotzdem erdhaftig geblieben. Spätere Zeugen hießen Pater Kolbe und Dietrich Bonhoeffer, um nur einige zu nennen. Auch in DDR-Gefängnissen litten Christen. Sie wussten, warum! Die Gemeinde Christi ist nicht der dämliche Rest der Welt. Wir sind weder Ladenhüter noch Restbestände einer Kirche, die angeblich nicht mehr in die heutige Zeit passt. Um unsere Welt wäre es schlecht bestellt, gäbe es die Kirche nicht mehr! Sie lebt und viele, von denen wir es nicht meinen, gehören zu ihr! Harald Schmidt zum Beispiel sagte in einer „Beckman-Talkshow“: „Je schlechter die Zeiten, umso glücklicher sind die, die in der Kirche Halleluja singen können!“ Für uns ist die Bibel das Buch mit der gewaltigen Vergangenheit, das starke Buch der Gegenwart und das trostvolle Buch einer grandiosen Zukunft! Ein altes Sprichwort sagt: „Die klugen Menschen denken mit dem Geist, die Weisen mit der Seele“. Wie wahr! So versteht es sich, dass es in der Welt immer kälter und liebloser wird, weil die Seele zu wenig zum Klingen kommt. Wenn noch jemand eine helle Zukunft hat, dann derjenige, der sich mit Gott verbündet hat! Mit Christus im Bund haben Sie eine brauchbare Zukunft vor sich! Das Wort von der „allerschönsten Weisheit“ ist nicht für das Wohnzimmer gedacht. Es muss hinaus zu den Menschen; es muss „wuchern“ wie die „anvertrauten Pfunde“! Hierzu meint Zinzendorf: „Im Liegenbleiben wird Schönheit nicht bewahrt, das Mühn und Treiben macht Streiter frisch und hart. Die Augen klar, die Sinne heiter! Nichts ist schöner als staubbedeckte Streiter“! Besser als „staubbedeckter Streiter“ Christi durchs Leben gehen, statt als

„säuberliche Sofapflaume“ durch den Tag schleichen. Werdet „weise“ – bleibt „weise“! „Gott lieben, das ist die allerschönste Weisheit!“ Amen.

Luft und Licht heilen, und Ruhe heilt, aber am besten ist der Balsam, den ein gütiges Herz spendet.

THEODOR FONTANE

„Eintrocknen lassen!"

Die Bergpredigt Jesu sorgt für Zündstoff. Eine völlig neue Lehre bringt der Rabbi aus Nazareth. Kein Wunder, dass der Berg voller Leute ist. Was Jesus predigt entspricht nicht dem, was seine Kirche den Menschen vermittelt. Die Worte über „Vergeltung" und „Feindesliebe" sorgen für Wirbel. Auch heute sind sie schwer nachvollziehbar, da der Drang nach Vergeltung vielen im Blut liegt. Das „wie du mir, so ich dir" ist bereits dem Kind geläufig. Leider fällt das „so ich dir" größer aus als das „wie du mir".

Mao Tse Tung sagte 1967 in Peking: „Wir treten dafür ein, dass der Krieg abgeschafft wird. Wir wollen keinen Krieg. Man kann aber den Krieg nicht ohne Krieg abschaffen; und wenn man will, dass es keine Gewehre mehr geben soll, muss man das Gewehr in die Hand nehmen." Geht das an? Niemals! Krieg erzeugt Krieg! Mao liegt voll daneben mit seinen „Friedensgedanken"! – Nach der Wende sagte ein ehemaliger Soldat der NVA: „Ich hätte niemals auf Menschen schießen können, die Kerzen in ihren Händen tragen!" „Vergeben statt Vergelten" ist schwer zu begreifen und schwerer noch zu tätigen. Hätte Gott vergelten wollen, wohin wären wir geraten? Es hätte kein Kreuz gegeben. So aber ist die Sprache der Liebe laut geworden, die heute noch gesprochen wird.

Jesus hielt nicht nur seine „Wangen“ hin, seinen ganzen Leib gab er dran, sein Leben, damit wir leben können. Er geht mit Ihnen nicht nur „eine Meile“ oder „zwei“; er ist mit Ihnen nicht nur auf einer „Teilstrecke“ dabei, Ihr ganzes Leben lang begleitet er Sie! Bis Sie am Ziel sind!

Ein junger Mann ist schwer beleidigt worden. Wutentbrannt geht er zu einem alten Freund und sagt, dass er sich rächen will. „Warte noch“, sagt der Alte, „mit der Beleidigung ist es wie mit dem Schmutz, der an deine Kleidung spritzt; er lässt sich viel leichter abbürsten, wenn er trocken geworden ist“. Das weise Wort eines guten Freundes bringt den in Rage geratenen Jungen zum Nachdenken.

„Eintrocknen lassen“, ein guter Rat, eine brauchbare Antwort. „Vergeben statt Vergelten“! Haben Sie schon einmal einem Menschen im Namen Jesu vergeben und hernach die Feststellung gemacht, dass es Ihnen leichter ums Herz wurde? Die Entlastung des andern nimmt uns selber die Last und Schwere ab, die wir mit uns herumschleppen. „Eintrocknen lassen!“ Derartige Ratschläge sind ein Geschenk!

Jean Paul sagt ein treffliches Wort: „Wenn du vergibst, so ist der Mensch, der in dein Herz Wunden schlägt, der Seewurm, der die Muschelschale zerlöchert, die Öffnungen aber mit Perlen verschließt“. „Vergeben statt Vergelten!“ Das geht! Probieren Sie es einmal. Es wird ihnen zum Segen gereichen. Kerzen statt Kanonen! Nicht, wie Mao sagt: „Man kann aber Krieg nicht ohne

Krieg abschaffen!" Oh doch! Jesus hat uns das vorgelebt! Seine Worte auf dem Berg waren gelebte Predigt! Und dann denken Sie an den alten Freund mit seiner weisen Antwort: „Eintrocknen lassen!"

Ich möchte dir Mut machen,
in Jesu Gesinnung zu bleiben.
Antworte mit Liebe auf Hass,
und wer dich verflucht, den segne.

Herr, lass mich vergeben können!

Beten ist Sprechen mit Gott. Vielen Menschen fehlt dieser göttliche Gesprächspartner. In nicht wenigen Familien wird kaum noch gebetet. Eine Reihe von Kindern hören das erste Gebet ihres Lebens im Einschulungsgottesdienst. Auch vielen Erwachsenen ist Gott aus den Augen gekommen, so dass ihnen die Worte fehlen, um mit ihm zu sprechen. Jesus wusste um solche Nöte, so dass es ihm ein Anliegen war, die Menschen zum Gespräch mit Gott zu führen. Darum schenkt er uns als Grundlage allen Betens das Vaterunser. Eine Bitte, die fünfte, lautet: „Vergib uns unsere Schuld, wie wir vergeben unsern Schuldigern". Sie zeigt auf das Grundübel unseres Lebens. Wir wollen Vergebung, ohne zu vergeben. Vergeben ist schwerer als vergelten. Zum Vergeben gehört Mut – Demut. Selbst wenn wir im Recht sind, bricht uns kein Zacken aus der Krone, wenn wir den ersten Schritt zur Vergebung wagen. „Vergib uns soviel, soviel wir vergeben!" Wie viel mag Gott uns wohl vergeben können? Alles, viel, wenig oder nichts? Kommen Sie mit mir in das Atelier von Leonardo da Vinci (1452-1519). Dort befand sich eine Gruppe von Jungen, die den Meister besuchte. Einem von ihnen passierte ein Missgeschick. Er stieß an einen Stapel von Leinwänden, so dass diese umfielen. Leonardo war dermaßen verärgert, dass er den Kleinen arg beschimpfte. Daraufhin lief das unglückliche Kind weinend ins Freie. Der Meister war wieder allein und versuchte, mit seiner Arbeit fortzufahren. Wie er sich auch bemühte, es gelang ihm nichts. Seine schöpferische Kraft war dahin. Nach einigen Überlegungen ging er nach draußen, um den Jungen zu suchen. Er lief durch Gassen und Winkel, bis er ihn endlich fand. „Es tut mir leid", sagte er, „ich hätte dich nicht so barsch behandeln sollen. Vergib mir bitte, mein Kind, wie Christus vergibt! Ich habe etwas Schlimmeres getan als du. Du hast nur Leinwände umgeworfen; ich aber habe durch meine Wut den Fluss Gottes in meinem Leben blockiert. Kommst du mit mir?"

Der Kleine nickte und war sichtlich erfreut über des Meisters Worte. Das Kind saß neben Leonardo und sah zu, wie er Jesus von neuem zu malen begann. Beide lächelten sich zu, als das Gesicht Jesu ganz wie von selbst aus dem Pinsel des Malers floss. Seitdem ist das gemalte Gesicht des Herrn für Millionen Menschen zur Anregung geworden. „Ich aber habe durch meine Wut den Fluss Gottes in meinem Leben blockiert", sagte der Meister. Der Segen Gottes konnte nicht mehr weiterfließen. Erst die Vergebung brachte ihn in Bewegung. Vergebung lässt mich zwar nicht vergessen, was einmal zwischen mir und einem anderen gewesen ist, aber das zählt nicht mehr! Leonardo hätte das Kind laufenlassen können. Er tat es nicht. Er konnte es nicht. Christus ist ihm zu stark geworden. „Vergib uns unsere Schuld, wie wir vergeben unsern Schuldigern"! Von

Jesus gelehrt und vorgelebt. Ein Segen, dass wir mit dem Gott in Christus im Gespräch stehen dürfen! Lassen wir es nicht abreißen, das wäre ein lebensgefährlicher Störfall!

Vergibst mir täglich so viel Schuld,
du Herr von meinen Tagen;
ich aber sollte nicht Geduld
mit meinen Brüdern tragen,
dem nicht verzeihn, dem du vergibst,
und den nicht lieben, den du liebst?

Was ich den Armen hier getan,
dem Kleinsten auch von diesen,
das sieht er, mein Erlöser, an,
als hätt ich's ihm erwiesen.
Und ich, ich sollt ein Mensch noch sein
und Gott in Brüdern nicht erfreun?

CHRISTIAN FÜRCHTEGOTT GELLERT

Wem Gott vergibt, dem vergibt er alles.
Da bleibt nichts zurück. Hab keine Angst.

Halbzeit!

Das Fußballspiel ist zur Hälfte gespielt. Für wenige Minuten ist das Feld frei. Daumen drücken ist angesagt. Die Ehre der Mannschaft steht auf dem Spiel. – Halbzeit! Die Hälfte des Jahres ist vorüber. Die Sonne verlässt ihren höchsten Stand. Es geht wieder abwärts. Bis zum Heiligen Abend. – Halbzeit! Hätten Sie das „Spiel des Lebens" noch einmal von vorn begonnen? Das geht nicht? Stimmt! Die Uhr läuft, und wir haben die Zeit nicht in unseren Händen! – „Halbzeit!" So überschrieb ich in den siebziger Jahren im Markersbacher „St. Barbara-Boten" die Johannisandacht. Die Provinzpolitiker störte die „Halbzeit" und sie lehnten die Überschrift ab. Sie sahen ein Omen darin: „Halbzeit" im Spiel „DDR gegen die Zeit"! „Sein oder Nichtsein"! Regenten voller Macht und Angst zugleich! – Der Wiener Dramatiker Hugo von Hoffmannsthal (1874-1929) wurde einmal auf das Sterben hin angesprochen. Bezeichnend seine Antwort: „Unter einer Bedingung möchte ich sterben: als ein mit der Kindheit Versöhnter!" Warum? Dem Kind verzeiht man. Seine Schuld ist noch gering. Da im Lauf der Jahre das Schuldkonto steigt, wird es mit dessen Tilgung nicht gerade einfacher. Kein Wunder, dass sich manche dann nach der Kindheit sehnen.

„O selig, o selig, ein Kind noch zu sein"! Leider ist das nicht mehr möglich. Der einzige Freispruch kommt von Gott! Johannistag! Zum Ritus dieses Tages gehört der Gang auf den Gottesacker. Erinnerung daran, dass „alles vergeht"! Ein Segen, dass einer vor uns war, der der vergehenden Welt das Bleibende angekündigt hat – den Bleibenden: Jesus Christus! Dieser gehört Ihnen! Die Gedanken, die Gott sich über uns machte, hat er in die Tat umgesetzt. In einem Stall bekamen sie Gestalt und tragen den Namen Jesus. Mit ihm dringt Gott in unsere Tiefe ein. In das Reich des Todes. Weil jedoch Tod und Teufel auf einer Ebene liegen, ist sein Tiefenweg gleichsam Höllenfahrt. Gott kämpft für uns in der Tiefe gegen alles Verderbenbringende.

Halbzeit! Die einen haben sie hinter sich, andere noch nicht. Auf jeden Fall wird das „Spiel des Lebens" zu Ende gespielt. Heute oder morgen kann es abgebrochen werden. Nun ist der Friedhof nicht die Endstation, sondern der Gottesacker, in den gesät wird, wenn wir unsere Toten in die Erde senken. Gesät auf Hoffnung! Auferstehung! Auf ihm geschieht Übergang! Was Ihr und mein Sterben angeht, nun, wir benötigen kein „Aussöhnen mit der Kindheit", dafür die „Versöhnung mit Gott"! Diese aber bietet er uns durch sein Kind an! Durch Jesus sind wir Kinder geworden, Kinder Gottes! Sein Tiefenweg legt uns den Weg in die Höhe frei. Seine Höllenfahrt ermöglicht uns die Himmelfahrt! Es geht uns gut! Bestens! – Halbzeit! Mag sie für viele vorüber sein. Lust aber, die Uhr zurückzudrehen, verspüre ich nicht. Dafür habe ich das Ziel im Blick! Und das kann schöner nicht sein! Hoffen

Sie getrost mit mir, denn uns steht der Himmel offen! Amen.

Herr, lass uns füreinander leben,
einander lieben, wie du liebst,
und mach uns fähig zu vergeben,
wie du uns täglich neu vergibst.
Sei du der Maßstab und der Halt
und gib dem Wollen auch Gestalt.

DETLEV BLOCK

Am Anfang die Seligpreisung

„Wohl dem, der den Gottlosen nicht nachläuft noch den Weg der Sünder beschreitet noch sich aufhält, wo die Spötter sitzen!" „Wohl dem", so beginnt der erste Psalm, dem 149 weitere Psalmen, also Lieder und Gebete, folgen. – Der französische Philosoph und Gotteslästerer Voltaire (1694-1778) sagt: „Ich habe es satt, dauernd hören zu müssen, dass zwölf Männer genügt hätten, um eine Kirche zu gründen. Ich habe Lust zu beweisen, dass einer genügt, sie auszurotten". Er starb verzweifelt. „In hundert Jahren", sagte er, „ist die Bibel nur noch im Museum als Zeugnis für die Dummheit der Menschen aufzufinden". Hundert Jahre später wurde das Zimmer seiner erbärmlichen „Prophezeiung" zum Gründungsraum der ersten britischen Bibelgesellschaft. So verfährt Gott mit den Wichtigtuern der Weltgeschichte. Das Haus der Gottlosigkeit wurde zur Segensquelle für viele Menschen. Lassen wir uns nicht in die Irre führen. Keiner von den Dummschwätzern wird am Ende für uns geradestehen. Wir lassen uns nicht bei denen nieder, die Gott ihren Hohn ins Gesicht schleudern. Solch ein Klüngel befand sich auf dem derzeit größten Ozeanriesen, der „Titanic". In einem Brief an die Eltern schilderte ein junger Matrose, wie der Schiffsrumpf mit Worten beschrieben war, die Gott kleinmachten und die Allmacht des Menschen erhöhten. „Selbst Christus kann es nicht zum Sinken bringen“ – „No God, no Pope“. Gotteslästerung pur. Die Antwort folgte auf den Fuß. Am 14. April 1912 war der Untergang des angeblich „nicht sinkbaren Luxusliners“ beschlossene Sache. Der Eisberg zerschnitt das Schiff an der Stelle, an der die „Schrift an der Wand“ zu lesen war. Gott ist kein Thema für Spott und Hohn. Oft sieht Gott lange zu, manchmal auch nicht. – Ganz andere Worte las ich auf einem riesigen Tankschiff voller Container. Auf rotem Grund war mit weißen Buchstaben geschrieben: „Ich stehe dir bei, ich behüte dich, wo du auch hingehst, und ich bringe dich heil in dieses Land zurück. Niemals lasse ich dich im Stich; ich stehe zu meinein Versprechen, das ich dir gegeben habe“! Der Unterzeichnende: Gott in 1. Mose 28! Die Gute Nachricht überraschend neu platziert. Ein Zuspruch, den wir sehr gern annehmen! Übrigens, „wenn Gott verspricht, hat er sich noch nie versprochen“, so Peter Hahne. Bei Gott gibt es keine „Versprecher“! – Statt der Spötter Kreis suchen wir die Gemeinde Christi auf. Die Familie Gottes ist unser Domizil! Dort sind wir zu Hause! Ermuntern wir uns gegenseitig, machen wir einander Mut, wenn der Pegel des Glaubens zu sinken droht. Die Familie Gottes ist der Boden, auf dem unser Glaube wachsen kann. Darum weise ich Sie aneinander: Junge und Alte! Wohl uns, wenn wir bei Christus anheuern! Er ist Kapitän und Steuermann zugleich auf dem „Schiff, das sich Gemeinde nennt“! Steuermann von unübertrefflicher Qualität! Machen wir bei Christus fest, haben wir den Bund mit dem Leben geschlossen!

Kardinal Faulhaber saß bei einem Festessen neben Professor Einstein. Der Professor meinte: „Eminenz, was würden Sie sagen, wenn wir Mathematiker Ihnen einwandfrei beweisen würden, dass es keinen Gott gibt?“ Darauf der Kardinal: „Ich würde in Geduld warten, bis Sie Ihren Rechenfehler gefunden haben“.

WILHELM HOFFSÜMMER

„Gib deiner Seele einen Sonntag!“

Auf einem Plakat stand folgende Gottesdiensteinladung: „Nur Fassade? Deinen Leib, der morgen im Grab liegt, pflegst du mit Hingabe; deine Seele aber lässt du verkommen! Gib deiner Seele einen Sonntag! Geh zur Kirche!“ Deutliche und derbe Worte. Daneben das Bild einer Frau, die sich kosmetisch aufpulvern lässt. Der Sonntag ist mehr als ein Langschläfertag, an ihm ist die Versammlung des Herrn angesagt. – Sabbatheiligung! Jesus und seine Jünger sind unterwegs und werden vom Hunger geplagt. So kommt ihnen ein Ährenfeld gerade recht. Sie reißen Ähren aus, um deren Körner zu essen. Und schon wird das „sieh doch“ der Pharisäer laut. Rundum werden Jesus und seine Jünger von ihnen beäugt. Grundsätzlich ist Ährenraufen erlaubt, auch auf fremden Feldern. Bei Hunger darf man das. Am Sabbat aber ist das Ährenraufen verboten, da das ein Teil der Erntearbeit ist. – Ährenlesen ist auch uns bekannt. Nach dem Krieg haben wir dadurch unsern Lebenshaushalt ein wenig aufgebessert.

Sabbatheiligung! Jesus erinnert die Pharisäer an David, der für sich und die Seinen von den Schaubroten aß, die lediglich den Priestern vorbehalten waren. Notsituation! Jesus entkräftet den Sabbat nicht, im Gegenteil, er beachtet ihn, doch stets unter dem Gesichtspunkt, was dem Menschen dient. Als Herr des Sabbats legt Jesus uns nicht Lasten auf, er bringt uns vielmehr die Liebe Gottes! – Sonntagsheiligung! Als Christen haben wir an die Stelle des Sabbats den Sonntag gestellt. Und das von der Osternacht herkommend. Jeder Sonntag ist ein Auferstehungstag, den wir anders füllen als den Arbeitstag. Für uns Christen ist der Sonntag der Tag des Gottesdienstes. Er will uns in den Frieden mit Gott führen. Leider verkommt der Sonntag in unserer Gesellschaft mehr und mehr zum Abfalleimer der Woche. Sicher darf ich den Sonntag auch mit etwas füllen, wozu ich am Werktag keine Gelegenheit habe. Bei allem aber wollen wir unsere Seele nicht vergessen! Auch sie will genährt werden. Äußere und innere Entspannung lässt mich auftanken. – Ein Jäger traf auf den alt gewordenen Jünger Johannes, wie er ein zahmes Rebhuhn auf dem Schoss hatte und damit spielte. Als der Jäger ihn wegen der sorglosen Spielerei verwundert ansah, entgegnete Johannes:

„Was hast du auf deinem Rücken hängen?" – „Meinen Bogen, doch was hat das mit deinem Spielen zu tun?" – „Sehr viel, mein Freund! Warum hast du deinen Bogen nicht gespannt?" – „Weil er sonst an Spannkraft verlieren würde." – „Siehst du", sagte Johannes, „so kann ich meinen Geist auch nicht immer mit Lehren und Forschen angespannt halten, er würde gar bald erlahmen!" – Sonntag der herausgehobene Tag! Gott nimmt sich Zeit für uns – wir nehmen uns

Zeit für ihn! Suchen wir Gott auf in seinem Wort, im Gebet und in seinem Haus, solange wir gesundheitlich dazu in der Lage sind! „Gib deiner Seele einen Sonntag!“ Amen.

Mögest du in deinem Herzen so manchen reichen Lebenstag in Dankbarkeit bewahren. Mit den Jahren wachse jede Gabe, die Gott dir einst verliehen – um alle, die du liebst, mit Freude zu erfüllen. In jeder Stunde, in Freude und Leid, lächelt der Menschgewordene dir zu – bleib du in seiner Nähe.

IRISCHER SEGENSWUNSCH

„… aber er hilft uns auch!“

„Gelobt sei der Herr täglich. Gott legt uns eine Last auf, aber er hilft uns auch“! Dass wir Lasten zu tragen haben, registriert die Bibel ohne Umschweife. Bei jedem von uns zeigen die Lasten ein anderes Gesicht. Nicht ein „blindes Schicksal“, sondern Gott legt auf. So kann es kommen, dass Sie fragen: „Warum geht es den Gottlosen so gut?“ Sehen Sie das einmal so: Legt Gott etwas auf, dann hat er etwas vor mit Ihnen! Martin Luther sagt hierzu: „Unser Leben muss mit einem Stücklein Kreuz angerichtet sein, wenn es nicht verderben soll“. Nur gute Tage trüben unsere Augen für Gott. Unser Ziel würde aus dem Blickfeld geraten. Eine von Gott aufgelegte Last kann uns durchaus zum Segen werden. Nichts ist sinnlos, auch wenn es anfangs so aussieht. Spreche ich von Last, dann habe ich ebenso von der Hilfe zu reden. Keines ohne das andere. Gott hilft durch Menschen, die er als seine Boten bei uns auftreten lässt. Er beeinflusst unsern Geist durch den seinen und führt uns ins Zentrum, zu seinem Wort. Dort drin hält Gott manche Tröstungen bereit für uns. Zusprüche werden laut. Sicher wird es auch Anspruch geben und Mahnung. Hauptsache jedoch ist, dass wir mit Gott im Gespräch bleiben! Er wird uns nicht über unsere Kraft versuchen; will er uns doch nicht „fertig" machen, so dass wir am Ende einem trostlosen Torso gleichen. Gott lässt nicht zu, dass wir in der Versuchung zugrunde gehen. Halten wir bei ihm aus, er verlässt uns auch nicht! Wir haben einen treuen Gott, der zu uns steht! Darum loben und ehren wir ihn und erkennen ihn an! Gott loben heißt weiter, ihn preisen. Da geht es aus der Stille heraus, geht nach draußen. Zeugnis geben ist angesagt. Manchmal mag uns nicht danach sein, weil Zweifel nagen. Der „Dialog mit dem Zweifel" belastet das Zwiegespräch mit Gott. Unvergessen ein Film, der mir sehr nahe ging: „Trauer um einen verlorenen Sohn". Rauschgift, Fastheilung, Rückfall, Tod. Die Eltern versuchten alles Menschenmögliche, um ihren Sohn zu retten. Vergeblich. Die Mutter durchlief einen Prozess: Verzweiflung, Hoffnung, Verzweiflung. Das Ergebnis: „Ich kann nicht mehr an Gott glauben. Lasst bitte Gott aus allem heraus. Ihn gibt es nicht." Das hat mich sehr bewegt. Möge Gott diese Eltern zurückgeholt haben! An diesem Beispiel sehen wir, dass keiner von uns die Beziehung zu Gott gepachtet hat. Jeder Tag kann ein Tag der Gottverleugnung oder der Gotteserfahrung werden. Bitten wir täglich um eine innige Verbindung mit Gott und seinem Christus! Gott loben ist nicht ein gelegentliches Unterfangen, es ist ein Programm! Ist Beruf – unser Beruf! Jemand hat das einmal so gesagt: „Gott loben, das ist unser Amt"! Einer, der das Loben täglich praktizierte und seine Kraft daraus schöpfte; einer, der die schwerste Last aller Menschen und Zeiten trug, dieser will Ihr

Lehrmeister sein: Jesus! Danken und Loben bewahrt in guten Tagen vor Leichtsinn; in bösen und schweren Tagen vor Verzweiflung! „Gott legt uns eine Last auf, aber er hilft uns auch!“ Danke, Vater! Gott segne Sie! Amen.

Unsere Generation wird eines Tages nicht nur die ätzenden Worte und schlimmen Taten der schlechten Menschen zu bereuen haben, sondern auch das furchtbare Schweigen der guten.

MARTIN LUTHER KING

„Halt's Maul, jetzt kommt der Segen!"

Anekdoten à la Karl-Heinz Schmidt? Mitnichten. Aber ein Buch, das unter die Haut geht. Inger Hermann, Religionslehrerin in Stuttgart, unterrichtet Kinder aus aller Welt. Wie die Kinder sprechen, so schreibt sie: die Sprache der Strasse. Kinder – entwurzelt, geschunden, geschlagen. Geordneter Unterricht gleich Null. Doch die Kinder kommen zur „Religion". Eines wollen sie nicht missen: den Segen und die Psalmen. Drei Psalmen können sie auswendig: 23 – 91 – 139! – „... du bereitest vor mir einen Tisch im Angesicht meiner Feinde" – Feinde, o ja, deren gibt es genügend vor Ort, doch der „gedeckte Tisch", wo befindet sich der? Wir sehen, dass die Gebete der Kinder der Nacht Gebete der Sehnsucht sind. Verlassen wähnen sie sich, wie vor Jahren Israel. Geblieben ist die Sehnsucht. Viele Kinder wissen sich unerwünscht, lästig, im Weg stehend. Verwundete Seelen, die verkümmern. Ungeborgen in einer gnadenlosen Wegschau-Gesellschaft. Gratulation den Kindern, deren Kindheit nicht zerstört und deren Zukunft nicht geraubt wurde. Da ist jedoch einer, der diesen Kindern der Nacht und uns auf den Kopf zusagt: „Ich vergesse dich nicht!" Da ist einer ohne Kälte, dafür mit Liebe, Zuwendung und Barmherzigkeit! Nicht vergessen von

Gott! Ob die Kinder viel oder wenig Glauben haben, oder gar keinen; Gott weiß, warum die Kinder so geartet sind. Er sieht tiefer als wir sehen, sieht die Wurzel, nicht nur die Frucht. Er wird demzufolge mit diesen armen Geschöpfen großzügiger umgehen als wir das für möglich halten. Die zur Ruine Gewordenen sind nicht seinem Blickfeld entschwunden. Ein Schuldekan sagte, dass die Religionslehrer „Minenhunde der Kirche" seien. „Weit draußen, wo die Kirche längst nicht mehr hinreicht"! Entfernt von aller bürgerlichen Zugehörigkeit. Der „Minenhunde" Risiko ist, verletzt zu werden. Es gibt keine Garantie für seelische Unversehrtheit. Dennoch sind das Lichtfunken, auf die wir nicht verzichten können. Hier spüren wir etwas von der „Theologie des Herzens", die manchmal anfechtbar sein kann, aber wirksamer und wärmer ist als manche abgesicherte, jedoch kalte und tote Lehrmeinung. „Theologie des Herzens", das ist die, wenn ich Menschen wie diesen missbrauchten und ungeliebten Kindern, eine Chance der Rettung bei Gott einräume. „Kalte und tote Lehrmeinung" ist die, wenn ich lieblos dem andern mit Gottes Wort auf den Leib rücke und nicht merke, dass meine Hand zur Faust wird. „Theologie des Herzens" ist heute mehr gefragt denn je! Ein Zwölfjähriger sagte: „Wenn ich an die Zukunft denke, dann denke ich am liebsten gar nicht mehr!" Das Kind ist zukunftsvergiftet. Ihm kann ich nur sagen: „Liebes Kind, wenn *wir* schon deine Zukunft nicht entgiften können, dann wird *Gott* das tun; der Gott in der Tiefe des Stalles, der Gott am Kreuz! Hoffe mit mir!" Jesus, erhelle die Zukunft dieser Kinder! Gib uns, dass wir diese Kinder liebhaben! Amen.

Das Kind ist nicht nur dafür da, dass es erwachsen werde, sondern auch, nein zuerst, dass es selbst, nämlich ein Kind, und, als Kind, Mensch sei!"

ROMANO GUARDINI

Unsere Adresse: Jesus Christus!

Am Eingang einer Kirche in Klagenfurt hing ein Plakat mit der Aufschrift: „Am Sonntag hat Gott den Vorrang!" In Deutschland geben viele Menschen den Dingen den Vorrang. Gott ist nach hinten gerutscht. Gott ist so weit weg, dass die Abgötter wie Pilze aus dem Boden schießen. Für uns hat Gott den Vorrang. Alles andere ist zweit- und drittrangig. Er hat das letzte Wort; auch am Ende unseres Lebens! „Am Sonntag hat Gott den Vorrang." Morgen *ist* Sonntag, und wir machen wieder fest bei ihm. Festmachen! Segler machen ihre Boote im Hafen fest, damit der Sturm sie nicht auf die See hinaustreibt. Christen machen ihr Herz bei Gott fest, damit sie nicht im Sturm der Zeit umhertreiben.

5. Mose 30; Gottes Wort an Sie: „Ich habe euch Leben und Tod, Segen und Fluch vorgelegt, damit du das Leben wählst und am Leben bleibst"!

Nichts wäre Gott lieber, als dass wir uns für ihn und das Leben entscheiden würden! – Dr. Kallenbach, ein Arzt im Taunus, bringt folgenden Vergleich: „Während einer Grönlandfahrt lässt ein Schiff einen Teil der Mannschaft auf dem Eis zurück. Die Zurückgebliebenen bauen sich auf dem Eis ein Winterhaus ...

Mit der Zeit vergessen sie, dass nur das Eis sie von einer unheimlichen Tiefe trennt. So leben sie, indem sie sich durch Vergessen vor dem Grauen in der Tiefe schützen. Flucht in die Vergesslichkeit. Eines Tages bricht ein Stück Scholle ab. Der Boden unter den Füssen beginnt zu wanken." Vielen Menschen geht es ähnlich. Sie täuschen sich über ihren Zustand hinweg. Dabei nennen sie sich Realisten; Wirklichkeitsmenschen, die mit beiden Beinen im Leben stehen. Sie sehen die „Risse im Eis"; sie erkennen das „Zunehmen der Tornados" und dass das „Hochgebirge" immer mehr „vom Eis befreit" wird. Doch sie wollen nicht wahrhaben, dass das Klima sich verändert. Sie haben „alles im Griff auf dem sinkenden Schiff". – Erkennen wir, was wahres Leben ist und wer es schenkt! Machen wir fest bei Jesus! Lassen wir ihn nicht mehr los! Ohne Jesus stehen wir mit „beiden Beinen" auf bebendem Boden! Wählen wir das Leben! Wählen wir Jesus! Sehen Sie den morgigen Sonntag getrost als „Wahlsonntag" an und den Gottesdienst als „,Wahlversammlung"! Josua hat zum Beispiel auf dem Landtag in Sichem sein Volk auch zur Entscheidung gerufen: „So wählt, wem ihr dienen wollt, den Göttern oder dem Herrn, unsern Gott! Ich aber und mein Haus wollen dem Herrn dienen"! Das wollen auch wir, Sie und ich, dem Herrn dienen! – Am 9. April 1945 wurde Dietrich Bonhoeffer in Flossenbürg/ Oberfranken hingerichtet. Er hatte sich klar und deutlich für das Leben entschieden, für Jesus! Bei ihm gab es kein Widerrufen, kein Zurücknehmen und keine Flucht! Im Angesicht des Todes wusste er: Nicht verwählt! Jetzt gehe ich heim zu meinem Vater, der mich liebt! – Seine Adresse – Ihre Adresse – meine Adresse: Jesus Christus! Amen.

> *Wie köstlich ist deine Güte, Gott,*
> *dass Menschenkinder unter dem Schatten deiner Flügel Zuflucht haben!*
>
> PSALM 36,8

Heimkehr erwünscht!

„Viele Zöllner und andere verrufene Gestalten kamen wiederholt zu Jesus, um ihn zu hören. Empört zischten die Pharisäer und Schriftgelehrten: Mit welchem Gesindel gibt er sich nur ab! Ist es nicht genug, dass er mit ihnen redet, nein, er setzt sich sogar mit ihnen an einen Tisch, um mit ihnen zu essen!“ Diese beiden Verse aus Lukas 15 hatte ich zum zweiten Examen vom Griechischen ins Deutsche zu übersetzen. Jesus und Sünder an einem Tisch. Das gefällt mir! Anschließend erzählt er die Geschichte zweier Brüder. Der jüngere Bruder hat es zu Hause satt. Er wird vom Fernweh gepackt und will hinaus in die Welt. Mit einem stattlichen Erbteil lässt sich's dort auch leben. Eine Zeit lang jedenfalls. Wo aber nur ausgegeben wird, geht auch der große Batzen Geld einmal zu Ende. So wird aus dem Gutssohn der Schweinehirt. Vom Tellerwäscher zum Millionär klingt besser. So ist es jedoch nicht. Verpfuschtes Leben! Ein Segen ist, dass er sich noch erinnern kann. Er denkt an zu Hause und begibt sich auf den Heimweg. Dabei denke ich an einen jungen Mann, der aus dem Gefängnis entlassen wird. Das teilt er seinen Eltern mit. Er wird mit der Bahn an ihrem Haus vorbeifahren. Sollten sie Wert darauf legen, dass er heimkommt, möchten sie bitte ein weißes Tuch am Fenster befestigen. Wenn nicht, fährt er weiter. Wohin? Schwere Frage! Er weiß es nicht! Er ist sehr erregt! Plötzlich sieht er, dass der alte Apfelbaum vorm Haus voller weißer Tücher hängt! Heimkehr erwünscht! – So der Vater im Gleichnis, das Jesus erzählt. Keine Spur von Triumph, dass der Sohn doch auf ihn angewiesen ist. Der Vater läuft dem Heimkehrer entgegen. Von seiner Liebe leben beide, der Auswanderer und der zu Hause Gebliebene. Von seiner Liebe leben wir, die wir stets bei Gott aushielten und die, die wieder zurückfinden! Das Herz Gottes schlägt für jeden! Der ältere Sohn aber versteht die Welt nicht mehr. Der stets Anständige und Pflichtbewusste steht als der Dumme da. Dabei hätte er Pluspunkte verdient.

Kain bricht in ihm durch. Seine Denkweise ist die unsere: Leistung und Lohn, Schuld und Strafe haben sich zu entsprechen. Nun wird in dem Gleichnis allerdings eine andere Rechnung aufgemacht. Die neue Gerechtigkeit Gottes liegt darin, dass er Gnade vor Recht ergehen lässt. Auch wir leben davon, dass die Liebe Gottes größer ist als seine Strenge. Das haben beide Söhne erleben dürfen. Beide liebt der Vater gleich stark: Herzblatt und Sorgenkind! Beide leben unter einer Liebe! Ungleiche Brüder! Wir denken an Kain und Abel, Esau und Jakob, Absalom und Salomo! Keiner wird vom Vater bevorteilt oder benachteiligt. Ungleiche Menschenkinder! Wir! Uns begegnet Gott! Jeden will er zum Fest dabeihaben! Er zwingt uns nicht, aber er wirbt um uns. Freuen wir uns, die wir schon lange dabei sind und zur Gemeinde Christi gehören über die, die neu hinzukommen! Erste und Letzte an einem Tisch! Dabei bekommen die Spätkommenden nicht nur „ein bisschen Himmel"! Für jeden hat Jesus etwas Weißes bereit! Heimkehr erwünscht! Amen.

Menschen, die zueinander gehören, sind wie zwei Ufer eines Flusses. Der Strom der Liebe, der zwischen ihnen fließt, verbindet und trennt zugleich. So bewahren sie ihre Eigenart und sind doch eins.

KEDAR NATH

Ruf an die Vergesslichen!

Erntedankfest! Von Jahr zu Jahr bekommt dieser Tag eine härtere Note. Auf der einen Seite präsentieren sich überquellende Regale im Supermarkt, andererseits schleppen sich Hungerkarawanen durch die Welt. Blühenden und reifenden Feldern stehen ertränkte Landschaften und verbrannte Waldregionen gegenüber. Sattsein und Hunger, Reichtum und Armut, so zeigt sich unsere Welt! – Erntedankfest! In Gedanken sehe ich jene Plakate, die zum „Erntefest" einluden: zu Bier, Broiler und Tanz. „Erntefest" – das Wort „Dank" in der Mitte wurde weggelassen, da man schließlich die Ernte „ohne Gott und Sonnenschein" einfuhr. Ist es heute anders geworden? – Erntedankfest! Im Hebräerbrief lesen wir: „Vergesst nicht, Gutes zu tun und mit anderen zu teilen; denn solche Opfer gefallen Gott". – „Vergesst nicht!" Berechtigter Imperativ! Geht es Ihnen auch so wie mir? Sind Sie vergesslich geworden? Hätte ich mein „zweites Gedächtnis" nicht, meinen Dienstkalender, es wäre schlimm um mich bestellt. Deshalb klebt auch unser Kühlschrank voller kleiner Merkzettel, von Magneten festgehalten. „Vergesst nicht!" – Erntedankfest! Heute zeigen sich unsere Kirchen im Schmuck von Blumen, Blättern und guten Gottesgaben, die unser Leben garantieren. Die Kirche im erzgebirgischen Sosa gehört zu denen, die besonders liebevoll geschmückt werden. Kein Wunder, dass sie mit einem evangelischen Wallfahrtsort verglichen wird, zu dem viele Besucher mit Bus und Auto aufbrechen. Das eingelegte Geld gehört Menschen in Not! Es ist das „Brot für die Welt"! Diese „Welt" ist, ob Sie es glauben oder nicht, weit an uns herangerückt. Auch Deutschland weiß um Menschen, denen das Hungertuch kein fremdes Gewebe ist.

Erntedankfest! Frank Brunner hat die Gebefreudigkeit der Christen hinterfragt und schrieb einen Protest-Song, das „Lied vom Kürbis"!

„Volkswagen vor der Türe, ein Konto auf der Bank. Ich spende einen Kürbis und feier Erntedank.

Zwei Pfund Filet im Kühlfach, Skotch Whisky in der Bar.

Ich trage meinen Kürbis am Sonntag zum Altar.

Der Pfarrer sprach vom Teilen, der Hunger wäre groß;

zu Haus aß ich mein Schnitzel und war den Kürbis los.

Es ändern sich die Zeiten, für mich ist alles klar:

Ich sing mein Lied vom Kürbis, ich sing es jedes Jahr."

Der Kürbis – als Altarschmuck prächtig, als Dankopfer zu schmächtig! Wir spotten Gott ins Gesicht, wenn unser Erntedankopfer nur ein paar Cents ausmacht. Erntedankfest ist ein Prüfstein unseres Glaubens. Die Lunte an der Hungerbombe brennt nicht nur schon, sie hat die Bombe längst explodieren lassen! Wie ehren wir Gott? Nur mit einem ehrbaren Herzen oder auch mit einer geöffneten Geldbörse? – Erntedankfest! Jede

Ernte ist auch ein Gleichnis: Jetzt ernten wir. Es kommt der Tag, an dem Gott erntet. Vergessen wir nicht: „Was der Mensch sät, wird er ernten!“ „Vergesst nicht, damit ihr nicht vergessen werdet!“ Amen.

Eine Bauernregel sagt:
„Man muss die Ernte nicht schon verkaufen, wenn die Saat noch sprosst“.

Und Paulus sagt nicht nur zu den Korinthern, sondern auch zu uns: „Wer spärlich sät, wird nur wenig ernten. Aber wer mit vollen Händen sät, auf den wartet eine reiche Ernte“.

2. KORINTHERBRIEF 9,6

„Der ungehorsame Prophet"

Jona – berufen und geflohen, gebetet und gepredigt, geneidet und verzweifelt. Der „ungehorsame Prophet" predigt doch noch. Mit Erfolg. Ninive bekehrt sich. Das verdrießt den Propheten. Ninive ist gerettet, aber Jona liegt am Boden. Nun ringt Gott um ihn und lädt ihn zum Nachdenken ein. Jonas Problem ist dieses: Israel läuft Gott oft aus der Schule, Ninive dagegen bekehrt sich zu Gott. Diese Gnade Gottes gönnt Jona der Stadt nicht. Futterneid. Er brütet über Ninive und wartet auf der Stadt Untergang. Dabei ist er fromm. Was ist der erste Heidenmissionar nur für ein Mann! 120 000 Menschen sind ihm egal. Jona heisst die „Taube". Leider macht er seinem Namen keine Ehre. Er gleicht eher dem „Falken".

Was wäre unser Zeugnis ohne Retterliebe? Als in einer Gemeinde sich eine ehemalige Kommunistin zu Christus bekehrte, fragte ein Frommer: „Was will die denn bei uns?" und ging. Nichts kapiert! Stellen *wir* uns quer, dann sind es *andere,* die Zeugnis von Christus geben! Leute, von denen wir es nicht erwartet hätten. So können „Letzte Erste" werden und „Erste Letzte". Jona will Gottes Zeichen nicht verstehen. Er ist verliebt in seine Todessehnsucht. Lebensmüder Prophet. Auf der anderen Seite treten 120 000 Menschen zu Gott über; vom König bis zum Bettelmann; Frauen, Kinder, selbst die Tiere werden mit einbezogen. Erweckung total! Freude bei Gott im Himmel! – Das Jonabüchlein bricht dort ab wo wir ein „Happy End“ erwarten. Das aber fehlt. Mir persönlich wäre es auch lieber gewesen, wenn die vier Kapitel in Dur ausgeklungen wären. Findet Jona zurück? Bekommt er noch einmal die Chance zu einem Neuanfang? Keine Antwort. Gott schweigt sich aus. Dafür sollen *wir* eine Antwort geben. Mitfreude ist angesagt; Freude, wenn jemand heimfindet zu Gott! Nicht aber: „Was will die (der) denn hier?“ Schlimm, wenn es derartige Stimmen in der Gemeinde gäbe. Das wäre gegen den Willen Gottes, dessen Herz gerade für die Verlorenen schlägt! Schlüge Gottes Herz nicht für sie, hätte er sich nicht in eine Krippe legen lassen, auch das Kreuz wäre weggefallen. Vater und Sohn, Gott und Jesus sind eins in der Liebe zu uns!

Jona, die „Taube“! Sie erinnert an die „Arche Noah“. Als Friedensbotin kehrte sie mit einem Ölblatt im Schnabel zurück. Die „Taube“ erinnert weiter an die „Darstellung Jesu im Tempel“ als Gabe armer Leute. An „Jesu Taufe“ denken wir, wo die „Taube“ als Symbol des Heiligen Geistes auf Jesus herniederkommt. Die „Taube“ – Jonas Name ist fast eine Verfehlung bei ihm. Ninive kehrt um. Gott reagiert auf Gesinnungswandel. Mich beeindruckt diese Geschichte deshalb, weil ich in ihr vorkomme. Ich darf mit Gott ins Reine kommen und soll mich über jeden freuen, der heimkehrt zu Gott! Missgunst ist keineswegs angebracht! In Kapitel 3 predigt Jona, dass es „noch vierzig Tage“ sind „bis Ninive untergeht“. Diese Zeitangabe ist das Evangelium im Jonabuch. Ninive nutzte die Zeit und wurde gerettet. Nutzen auch wir die uns gegebene Zeit! Wir wissen nicht, wieviel wir noch davon haben!

Mit erfrorenen Fingern macht man keine Knoten auf;
mit erkältetem Gemüt wird Leichtes schwer vollbracht.

JEREMIAS GOTTHELF

„Keiner lasse den Mut sinken!“

Einen Monat lang sah ich auf meinem Schreibtisch ein Foto aus Irland. Ansprechend und tröstlich. Ein Steinkreuz im Gras, das nicht verwildert wirkte, dafür wegweisend inmitten der Schöpfung Gottes. Typisch Irisch! Darunter die Worte aus 1. Samuel 17,32: „Keiner lasse den Mut sinken“! – Worte aus der Vorgeschichte des Kampfes zwischen David und Goliath. Nicht ein strahlender Jung-Siegfried mit seiner Unverletzbarkeit steht vor uns, sondern der Jüngste einer Bauernfamilie aus Bethlehem. Was mag den kampferprobten König Saul bewogen haben, einem Teenie diese unmögliche Aufgabe anzuvertrauen? Mit dem Besten, das er zu bieten hatte, rüstet er den Jungen aus. Stolz ist der Hirtenjunge einhergeschritten, aber ebenso unbeholfen. Rechtzeitig erkennt er, dass er in dem „Blech“ nicht mehr er selbst ist und legt die glänzende Rüstung ab. David kann besser mit der Zwille, einer kleinen Steinschleuder, umgehen. Damit will er auch jetzt dem großmäuligen Riesen entgegentreten. Geschickt nutzt er die Verwirrung Goliaths aus, eilt dem Gepanzerten entgegen, und bevor der die Gefahr erkennt, trifft er ihn an der Stirn. So einfach ist das. – Wenn Gott zu seinem Ziel kommen will, braucht er weder Hochrüstung noch technische Perfektion. Was er braucht sind Menschen, die sich mit seinem Geist begaben lassen. Als solche dürfen wir mit unseren eigenen Mitteln das Aufgetragene vollbringen. „Keiner lasse den Mut sinken!" Das sagt ein Hirtenjunge zu seinem Landeskönig. Der Junge mit der Zwille richtet mehr aus als der Riese in seiner protzigen Rüstung. „Keiner lasse den Mut sinken!" Sie nicht – ich nicht! Wir wollen zu denen gehören, die ihren Mund aufmachen und sich rückhaltlos zu Christus bekennen! Manch einer setzt dabei sein Leben aufs Spiel. So der Sohn eines Arztes aus Breslau: Dietrich Bonhoeffer! Kurz vor Kriegsende, Auschwitz war bereits befreit, wurde er am 9. April 1945 in Flossenbürg/Oberfranken hingerichtet.

Mensch des Widerstands! Ohne Waffen! Nicht einmal eine „Zwille" besaß er! Seinen Kampf führte er mit Wort und Gebet! Zum Christsein gehört Zivilcourage, Mut und Bekenntnis. Wer schweigt, verleugnet. Wer verleugnet, sündigt. – Als Saul den Hirtenjungen herausgeputzt hat, so dass er weder gehen noch kämpfen kann und obendrein lächerlich wirkt, unternimmt David folgendes: Entrüstung im Namen Gottes! Seine eigenen Mittel sind ihm gerade recht. Hirtenstab, Brotbeutel und Steinschleuder. Nicht anders wir! Entrüstung! Abrüstung! Nicht einmal eine Steinschleuder nehmen wir mit. Wir hören auf den ganz anderen Hirten – auf Jesus! Wir leben nach seinem Wort: „Zu gratulieren denen, die Frieden stiften, Kinder Gottes wird ihr Name sein"! „Aufrüstung" im allerbesten Sinn! Das steinerne Kreuz in Irland spricht auch nach Jahren eine deutliche Sprache. *Jedes* Kreuz spricht! Es sagt Ihnen: Es wurde gesiegt durch den einmaligen Hirten Jesus! Ohne Schwert und Schleuder! Dafür durch sein Leben, das er für Sie in den Tod gab! Sie dürfen Leben haben! Amen.

> *Nicht alle unsere Wünsche, aber alle seine Verheißungen erfüllt Gott.*
>
> DIETRICH BONHOEFFER

„Wir sind Gottes Mitarbeiter“

Damit meint Paulus sich und Apollos. Beide waren unterwegs mit der Frohen Botschaft von Gott. Jeder von beiden hatte seine Fans. Die einen hingen an Paulus, andere zogen Apollos vor. Rein äußerlich machte Paulus nicht viel her. Apollos dagegen war der Schönling mit ausgezeichneter Redegabe. Das jedoch störte Paulus in keiner Weise. Er konnte dafür geniale Briefe verfassen, von denen wir bis heute leben. Er pflanzte und Apollos goss. Gott segnete ihre Arbeit, indem er das Gepflanzte wachsen ließ. Der „Arbeitgeber“ will auch heute nicht ohne Mitarbeiter sein. Er will uns dabeihaben, mögen wir geartet sein, wie wir wollen. Wichtig ist, dass wir einander annehmen, sonst wird nichts. Lassen wir uns von Fehlern und Missgriffen, die sich einschleichen in unsere Arbeit, nicht entmutigen. – 1974 am Kantate-Sonntag besuchte uns in Markersbach der Rundfunkpfarrer Heinz Wagner als Gastprediger. Am Mittagstisch erzählte er von einem Gottesdienst, in dem der Ortspfarrer Folgendes in seiner Predigt sagte: „Es war mitten im Zweiten Weltkrieg. Ich war mit meinen Kameraden an der Front, wo die feindlichen Kugeln nur so an uns vorüberflogen. Plötzlich ein Schrei neben mir. Im Kugelhagel robbte ich mich zu meinem Kameraden, verband ihn notdürftig und zog ihn nach hinten. So konnte er gerettet werden."

Unser Gast legte eine Pause ein, um dann fortzufahren: „Mir war nicht wohl während seiner Predigt; ich zweifelte an seinen Worten. Entsprachen sie der Wahrheit? Nach dem Gottesdienst fragte ich ihn, ob sich das so zugetragen habe. Er verneinte!"

Was sollte diese Verdrehung? Warum gab er nicht zu, dass er versagte? Gemerkt habe ich mir, was Wagner zu ihm sagte: „Sie hätten der Gemeinde sagen müssen, was Sie versäumt haben; was sie nicht getan haben; das hätte Wirkung gezeigt! Hätten Sie ihr Versagen nicht verschwiegen, wäre das manch einem in seinem Versagen zum Trost geworden!"

„Wir sind Gottes Mitarbeiter!" Wir pflanzen und gießen, sind aktiv in der Gemeinde und schließen Fehler nicht aus, die wir getrost zugeben sollten. – In den sechziger Jahren fuhr ich zu mitternächtlicher Stunde von Berlin nach Rollwitz. Plötzlich tauchten im Scheinwerferkegel drei Jungen am Rand der Autobahn auf, die mich an die Seite winkten. „Onkel", fragte er eine, „kannst du uns bitte sagen, wie wir in unser Kinderheim nach Finow kommen?" – „Natürlich kann ich das ..."! Groß und breit spielte ich den Wegweiser, ohne daran zu denken, die Kinder gleich in ihr Heim zu bringen. Welch mieser „Samariter" war ich in jener Nacht! Eine Tat wäre weit besser gewesen als meine vielen gescheiten Worte! – Fehler und Sünden unter Gottes Mitarbeitern! Lassen wir uns trotz allem nicht entmutigen. Tun wir etwas. Unser „himmlischer Arbeitgeber" wartet darauf. Vergessen wir nicht, dass wir „Gottes Mitarbeiter" sind!

Man hört immer von Leuten, die vor lauter Liebe den Verstand verlieren; aber es gibt viele, die vor lauter Verstand das Herz verloren haben.

JEAN PAUL

Reformationsfest! Seit geraumer Zeit ist man auf die Bezeichnung *Reformationstag* übergegangen. Vom *Fest* zum *Tag*. Als müssten wir uns entschuldigen, dass es einen Martin Luther gegeben hat, der die Bibel und damit die Frohe Botschaft von Gott neu entdeckte. Reformationsfest! Ein Verwandter von mir warf uns Evangelischen vor, wir würden Martin Luther anbeten. Das ist nicht nur falsch, das ist dumm! Heute denken wir über den einstigen Mönch aus dem Mansfeldischen nach, der uns deutlich machte, wer und was uns rettet und vor Gott gerecht macht.

Martin Luther, der Bruder!

Nicht als Held und Heiliger steht er vor uns, sondern als ein Mensch mit Vorzügen und Fehlern, mit Stärken und Schwächen. „Dr. Luther ist ein grober Gesell", sagt er von sich selbst. Oft musste er sich seiner Grobheit wegen entschuldigen. Falsch wäre es, wollten wir uns ihn mit einer Keule vorstellen, als eine „Bestie mit tiefliegenden Äugen", wie ihn einer seiner Gegner nannte. O nein, Luther besaß ebenso ein zartes Innenleben, das besonders im Leid seiner Familie deutlich wurde. Bis an die Grenzen der Verzweiflung ist er geführt worden. In solchen Stunden der Dunkelheit konnte ihn nur das helle Licht des Gotteswortes trösten. Hier sehen wir ihn mit uns auf einer Stufe als unsern Bruder!

Martin Luther, der Bekenner!

Das zentrale Thema der Reformation war und ist: Christus allein! Seine Leistung für uns! Christus, die höchste Autorität! Das ist Luthers Bekenntnis überall und zu jeder Zeit. Und wir als Evangelische schulden das Evangelium allen Menschen. Protestantische sind keine Aufständischen; sie wollen weiter nichts als Bekenner zu Christus sein. Martin Luther hat um dieser Botschaft willen, dass Christus alles für unsere Rettung getan hat, sein Leben aufs Spiel gesetzt. Lassen Sie uns treue Bekenner sein, denn die Menschen unserer Zeit brauchen einen Halt, der nicht vorübergehender Art ist. Den aber bietet einzig und allein Christus an!

Martin Luther, der Beter!

Der Reformator ist nicht der Mann, der pausenlos mit dem Hammer herumläuft, um irgendwo Thesen anzuschlagen. Er war durch und durch ein Mensch des Gebets. Oft hat er unter Tränen mit Gott gesprochen. Sein Beten war keine Spielerei mit Gott. Sein Leben war vom Kampf getragen, vom Gebet durchzogen. Er sehnte sich nach einer Kirche, die mit Christi Geist gefüllt ist und Liebe ausstrahlt. Dieser Kirche hat er gedient, für sie hat er Zeugnis gegeben und gebetet. – Reformationsfest! Wir feiern es und danken Gott, dass er einen Mann wie Martin Luther unter uns wirksam werden ließ! Wir feiern es unter dem immer gültigen Auftrag:

„Die Kirche, nach der wir uns sehnen, liegt nicht hinter uns, sondern immer vor uns!“ Amen.

Freiheit, Gleichheit, Brüderlichkeit – aber wie heißen die Tätigkeitswörter?

STANISLAW JERZY LEC

Wer das Glück genießen will,
muss es teilen,
denn es wurde als Zwilling geboren.

LORD GEORGE BYRON

Frohbotschaft statt Drohbotschaft!

Jesus ging durch Jericho, und viele Menschen kamen, um ihn zu sehen. Auch der kleinwüchsige Zöllner Zachäus war unter ihnen. Um Jesus besser sehen zu können, stieg er auf einen Maulbeerbaum. Im Dickicht des Laubwerks fühlte er sich sicher. Mutiger Zachäus! „Zachäus, du gefällst mir. Du bist konsequent. Du bleibst nicht zu Hause. Du machst dich auf den Weg und lässt dich nicht verdrängen. Du schämst dich nicht vor den Menschen und fragst nicht, was andere sagen. Du freust dich über Jesu Worte und kannst neu anfangen. Du hast Jesus auf deiner Seite, der dich gerufen hat!" – Dem Zöllner war es schnuppe, was die Schaulustigen plapperten. Sie standen nicht gerade für ihn, wenn es um „Sein oder Nichtsein" ging. Ihm war es gleich, was „man" sagte. Auch ich richte mich nicht nach dem „man", sondern nach Gott! Was ER über mich sagt ist wichtig! Mag ich bei einigen anecken. Ihretwegen lass ich nicht einen „Zachäus", eine „Ehebrecherin" und einen „Schächer" im Regen stehen! Lassen Sie uns Freude empfinden über das Heil, das Jesus schenkt. Freude über seine Worte, bei denen die Schelte fehlt. – „In Ihrer Predigt war zu viel Positives", sagte ein Gottesdienstbesucher zu mir. Ihm fehlte das

„Gericht", die „Dresche", die ich nicht austeilte. Was wären das für Prediger, die Gottes Frohe Botschaft zu bringen haben, aber nur mit dem „Gesetz" herumlaufen und mehr belasten als erleichtern? „Ein bisschen Schelte und Tadel muss sein", hören wir ab und an. Bitteschön, aber alles zu seiner Zeit. Nicht jede Predigt darf Bußpredigt sein. Lassen wir doch „Frohe Botschaft" auch einmal „Frohe Botschaft" sein! Wie Peter Hahne das sagt: „Statt Drohbotschaft haben wir Frohbotschaft zu bringen"! Wenn *wir* das nicht können oder wollen, dann tun das *andere* Zum Beispiel Gustav Heinemann (1899-1976), ehemaliger Bundespräsident. Als er nach seinem christlichen Glauben gefragt wurde, sagte er unter anderem dies: „Lasst uns der Welt antworten, wenn sie uns furchtsam machen will: Eure Herren gehen, unser Herr aber kommt!" Gustav Heinemann, Politiker und Christ! Das Zeugnis aus dem Mund eines Politikers hinterlässt Spuren, mitunter mehr als ein Prediger-Profi sie hinterlässt! Jesus kehrt bei uns ein. Er schenkt uns Heil. Ausnahmslos geht er in die Häuser und nimmt ausnahmslos in sein Haus auf! Ihm ist jeder recht! Das haben wir zu begreifen. Dass Jesus mit Freuden aufgenommen wird ist ihm wichtiger als der Dreck, der an dem Zöllner klebt. Wer Sie auch sind, eine angesehene Person in der Gesellschaft oder jemand, dessen Name in der Masse untergeht, der sich recht und schlecht von einem Tag zum andern schleppt, für Sie gilt: Gott sieht Sie! Gott liebt Sie! Dass jemand hereinkommt und sich mit uns an den Tisch des Herrn stellt, zählt bei Jesus mehr als der Verdacht, der Hereingekommene könnte ein Spitzel sein. Glauben Sie mir, der Gott in Christus ist auf dem Weg zu Ihnen! Täglich!

Er ruft Sie, wer weiß, wo heraus und herunter! Auch heute, „und ganz gewiss an jedem neuen Tag"! Amen.

Was es auch Großes und Unsterbliches zu erleben gibt:
Den Menschen Freude zu machen ist doch das Beste, was man auf der Welt haben kann.

PETER ROSEGGER

Die Praxis ist entscheidend!

„Lebt als Kinder des Lichts; die Frucht des Lichts ist lauter Güte, Gerechtigkeit und Wahrheit!“ Menschen, die sich „Kinder der Sonne“ nannten, gab es genug. Wir nennen uns Christen, und das sind auch nicht wenige. Nun macht es nicht der Name, sondern die Praxis. Was Paulus den Ephesern sagt, teilt er auch uns mit. „Güte“ muss von innen kommen. Sie formt uns. Das geht bis zum Ausdruck der Augen. Blicke können „töten“, aber auch beleben. „Güte“ ist gleich Qualität. Nicht Ausschuss. Beste Qualität bekommen wir von Gott. Das wird am Kreuz deutlich. „Güte“ will weitergegeben werden. Zeigen wir dem anderen, was „Güte“ Ist! – „Gerechtigkeit“ ist das nächste. Abraham war in den Augen Gottes „gerecht“, weil er ihm „glaubte“. So war er Gott „recht“. Er verließ sich auf Gott ohne Wenn und Aber. Wir werden „gerecht“ durch das Blut Jesu Christi! Als Gerechtfertigte gehen wir seinen Spuren nach. Wir begeben uns zu denen, die von der Seite beäugt werden. Pro menschlich wollen wir mit ihnen umgehen. Vergessen wir dabei nicht: Gehen wir mit Fremden liebevoll um, dann wollen wir mit unseren Familienangehörigen auch gerecht verfahren! Wir können nicht anderen der „Samariter“

sein, lassen aber zu Hause der Ungerechtigkeit ihren Lauf! Das geht nicht an! – Zur „Wahrheit"! Ein junger Mann, der sein Leben noch vor sich hat, muss dennoch sterben. Alexander Schmorell, enger Freund der Geschwister Scholl, wird mit 25 Jahren hingerichtet. Sein „Vergehen": Er liebte und lebte die „Wahrheit"!

In seinem letzten Brief an die Eltern schenkte er ihnen Trost und Kraft! Wie stark ist Christus in diesem Jungen gewesen! Er wollte kein Held sein, ganz und gar nicht. Er liebte Jesus und damit die „Wahrheit"! Bis heute gibt es derartige Zeugen. Doch nicht nur dort, wo es ums Letzte geht, ist „Wahrheit" gefragt, auch da, wo wir mit Menschen zusammentreffen. Jesus will Leute, die den Mund auftun, wenn es um die „Wahrheit" geht. –

Zwei Freunde besuchen einen Juwelierladen. Der eine zeigt dem anderen einen Stein, der matt und glanzlos zwischen den anderen Steinen liegt. „An dem ist doch nichts dran", sagt der Freund, „wie kommt er unter die wertvollen Steine?" – Der andere hält den matten Stein eine Weile in seiner Hand umschlossen, und als er sie wieder öffnet, erstrahlt der vorher glanzlose Stein in herrlichsten Farben. – „Wie ist das möglich?", fragt der erstaunte Freund. – „Es ist ein Opal;, ein sympathetischer Stein. Er braucht nur die Berührung mit einer warmen Hand, um seinen Glanz zu zeigen".

So gibt es Menschen, die nur der Berührung eines gütigen Wortes, einer gerechten Beurteilung, einer wahrhaftigen Liebe bedürfen, und ein heller Glanz in Auge und Herz wird sichtbar! Die Menschen interessieren sich weniger für das, was hinter den Kirchenmauern geschieht, um so mehr aber für das, was vor ihnen abläuft! Draußen! Wir wissen also, was wir zu tun haben! *Nennen* wir uns nicht Christen, *leben* wir sie!

Wer aufmerksam zuhört, vernünftig fragt, gelassen antwortet und zu sprechen aufhört, wenn er nichts mehr zu sagen hat, der ist im Besitz der nötigsten Eigenschaft, die das Leben erwartet

JOHANN KASPAR LAVATER

In der Lehrwerkstatt Gottes

„Aber nun, Herr, du bist doch unser Vater! Wir sind Ton, du bist unser Töpfer, und wir alle sind deiner Hände Werk“. Seit geraumer Zeit ist das Töpfern wieder „in“. Schautöpfern und Mittöpfern. Jesaja spricht von Gott als dem Töpfer, der uns formt, reinigt, läutert und gebraucht. – Gott formt! Behutsame Hände bilden aus der unförmigen Masse des Tons die gewollte Gestalt. Dreht sich die Scheibe, dann geht das still zu. Ohne laute Geräusche entsteht ein irdenes Werk. Unser Leben hat eine Grundform. Dahinein gibt Gott das Persönliche, den Charakter. Hinzu kommen Eigenschaften und Talente, mit denen wir dienstbar werden. Und kein Mensch gleicht dem anderen. Alles, was wir sind und besitzen, kommt von Gott. Gott formt uns für das Heute und Morgen. – Gott reinigt! Was nicht zur Gestalt gehört, wird auf der Töpferscheibe abgeschnitten. Unschönes wird entfernt. Auf uns übertragen sprechen wir von Verlust und Opfer. Da kann es schon vorkommen, dass wir uns empören, wenn Gott uns reinigt. Doch Christus macht uns Mut, diese Reinigung, die bis in die Tiefen reicht, an uns geschehen. zu lassen. Wir meinen, Gott zerschlägt alles. O nein, er reinigt und entfernt das Krebsgeschwür. Alles Schmerzende und Stinkende war einmal. Nichts bleibt zurück. Gott reinigt uns von allem Verderblichen, das uns die Sünde anhängen will. – Gott läutert! Das geformte Stück muss in den Ofen. Es gehört in die Glut. Für uns heißt das Läuterung. Diese ist nicht Verbrennung. Wenn die Hitze wächst, so wächst auch die Kraft in uns. Von Gott geschenkt. Dabei wird die Glut überwacht. Die Feuer lodern nicht wild, sie werden beobachtet. Sie stehen unter Kontrolle. Nähme der Töpfer einen Teller aus dem Ofen, der noch nicht lange genug im Feuer stand, sähe der wohl ebenso schön aus wie die anderen Teller, doch bei dem leisesten Druck zerbricht er. Er hat noch nicht die nötige Festigkeit. Läuterung bedarf ihrer Zeit. Abbruch kann Zerbruch heißen. – Gott gebraucht! Prächtige Ausstellungsstücke hinter Glasvitrinen. Galerien und Museen voller Millionenwerte. Doch diese Ausstellungsgegenstände sind vom Leben abgetrennt. Viel schöner und gewinnender die Teller, Tassen und Schüsseln, die auf dem Tisch stehen; die gebraucht werden – aus denen wir löffeln und trinken! Was nützt Omas Bibel im Glasschrank, wenn sie nie benutzt wird! Zweckverfehlung, wenn sie so „heilig" gehalten wird, dass sie niemand anfassen darf! So beim Porzellan, das dadurch seinen Wert erhält, indem es von uns gebraucht wird! Weil Gott ein praktischer Gott ist, formt er uns nicht als Spielerei, sondern gestaltet uns für den Dienst! Gott formt, reinigt, läutert und gebraucht uns! Gott will uns im Heute und im Morgen! Er hat nicht nur eine Gegenwart für uns, auch eine Zukunft hält er für uns bereit! – „Du, Vater, bist der Töpfer, wir sind der Ton; wir sind deine Kinder, deiner Hände Werk"! Amen.

Wenn ich, o Schöpfer, deine Macht,
die Weisheit deiner Wege,
die Liebe, die für alle wacht,
anbetend überlege:
so weiß ich, von Bewundrung voll,
nicht wie ich dich erheben soll,
mein Gott, mein Herr und Vater.

CHRISTIAN FÜRCHTEGOTT GELLERT

Vergessen Sie die „Rose“ nicht!

Der Dichter Rainer Maria Rilke (1875-1926) ging während seines Pariser Aufenthaltes jeden Mittag an einer alten Bettlerin vorbei. Stumm und unbeweglich saß sie da und nahm die Gaben ohne Anzeichen von Bewegung entgegen. An einem der nächsten Tage kam Rilke mit einer wunderschönen weißen, halberblühten Rose. Er legte sie in die Hand der alten Frau, und etwas Merkwürdiges geschah: Die Frau sah zu dem Geber auf, erhob sich, griff nach seiner Hand, küsste sie und ging mit der Rose davon. Eine Woche lang blieb sie verschwunden. Dann saß sie wieder an ihrem alten Platz. Stumm und starr, gleichgültig wie zuvor. Sie lebte eine Woche lang von dieser Rose. Einer hatte sie als Mensch gesehen und nicht als lästige Bettlerin. Wir sehen: Nicht *Dinge* allein verwandeln das Gesicht der Erde, sondern die *Liebe!* Wo sich Herz zum Herzen findet, wird es hell! Neben den Bettelgroschen spielt die Liebe und Freundlichkeit eine nicht geringe Rolle! Eine Rose zum Beispiel. – „Das habt ihr mir getan“, sagt Jesus. Uns begegnen Hungrige, Durstige, Zerlumpte und Kranke. Hinzu kommen Gefangene und Asylanten. Was sind diese Menschen für uns? Eine Störung? Jetzt wird nach ihnen gefragt. Wie am Anfang nach Abel gefragt wurde. Was lange zurückliegt kommt zur Sprache. Rückblende.

Aufgerolltes Leben. Christus steht vor uns als Richter und Ankläger zugleich, aber ebenso als unser Bruder, der unser Leben kennt. Neben unseren Versäumnissen sieht er auch den guten Willen, die guten Vorsätze, die oft leider nicht ausreichen. Christus, und das ist das Sonderbare an diesem Gleichnis vom Weltgericht, stellt sich auch als der Betroffene dar.

Als Rainer Maria Rilke der armen Frau in Paris die Rose schenkte, schenkte er sie Christus! Es sei Gutes oder Böses, wir tun es Christus! So wird es immer sein: Was wir einem Menschen tun, tun wir Christus!

Wir werden einmal nicht nach Konfession und Titel gefragt, auch nicht nach unserer Hautfarbe. Wonach wir gefragt werden ist, ob wir uns haben stören lassen durch die Not des andern! Kreiste dein Leben nur um dich selber, oder hast du auch den anderen in deinem Lebensprogramm zu stehen gehabt? Es wird nicht genügen, nichts Böses getan zu haben. Unsere Liebe muss zum Sprechen kommen und durch sie unsere Herzen und Hände! Unüberhörbar werden wir auf eine Verantwortung hingewiesen, die den Dienst am Menschen in sich einschließt! Und das ist der Dienst an Christus! Wir fragen, wenn wir dem Nächsten dienstbar sind, nicht danach, ob er parteilich gebunden ist oder nicht; ob er zur Kirche gehört oder nicht! Mensch ist Mensch! Christus liebt ausnahmslos und will andersherum ausnahmslos geliebt werden! Übrigens, vergessen Sie die „Rose“ nicht! Amen.

Die Leute, die niemals Zeit haben,
tun am wenigsten.

GEORG CHRISTOPH LICHTENBERG

Dabei erinnere ich an die „Weisheit der Gasse“, die wir nicht vergessen wollen. Wissen Sie, was die „Weisheit der Gasse“ ist? Das sind Worte aus der Vergangenheit. Sie wurden einmal auf Märkten, Plätzen und Gassen laut. Auch „am Brunnen vor dem Tore“ oder unter der „Linde vor dem Vaterhaus“. „Weisheit der Gasse“.

Sie offenbart sich in Fabeln und Sprichwörtern. Luther hat sie gekannt und die Bibel weiß darum. In unserem Fall kommt Salomos Spruchweisheit zu Wort. Der Glaube an Gott sowie tägliche Lebenserfahrungen gehen Hand in Hand. Ein Vers aus den Sprüchen Salomos wird uns begleiten. Sprüche 16,1: „Der Mensch setzt sich's wohl vor im Herzen; aber vom Herrn kommt, was die Zunge sagen wird“! Es gibt Momente, in denen wir gefordert sind zu reden. Und nichts will gelingen. Wir haben uns alles schön zurechtgelegt, sagten probeweise alles her und waren's zufrieden. In dem Augenblick aber, wo das Vorbereitete zur Sprache kommen sollte, war alles wie weggeblasen. Wir waren sprachlos. Nun ist es ein Segen, dass wir die Zusage Gottes haben, dass er uns, wenn wir ihn darum bitten, die Worte in den Mund gibt, die wir zu sagen haben. – „... aber vom Herrn kommt, was die

Zunge sagen wird"! In unsere Jahre in der Uckermark fiel folgendes Erlebnis: Unser Nachbarpfarrer saß bei uns und sagte unter anderem, dass er am nächsten Tag eine Beerdigung von besonderer Schwere zu halten hätte. „O weh, in deiner Haut möchte ich nicht stecken", dachte ich; gesagt habe ich es nicht. Am nächsten Vormittag läutete das Telefon. Am anderen Ende eine Stimme, müde und schwach. Mein Pfarrbruder. Ich ahnte nichts Gutes. Von jetzt auf nachher wurde er krank. Sein Herz spielte verrückt. Der Hausarzt gab ihm eine Spritze, nach der er höchstens noch zwanzig Minuten wach bleiben würde. „Schmidti, Sie müssen die Beerdigung übernehmen!" Schluss. Kein Trauergespräch. Die Angehörigen waren mir fremd. Was ich wusste, sagte er am Vortag, als er uns besuchte, und das war mehr als wenig. Wenigstens wusste ich den Namen des Toten – Tod durch Selbstmord auf dem Heuboden – dass er eine Frau mit vier Kindern hinterließ und einen großen Bauernhof, der bewirtschaftet sein wollte ...! Meine „Vorbereitung" vollzog sich im Auto und bestand lediglich aus einem Gebet. Der Friedhof voller Leute und – ein fremder Pfarrer. Jetzt aber setzte Gottes guter Geist ein, und ich brauchte nicht ein paar kraft- und hilflose Worte stammeln, sondern ich führte die Familie und die große Trauergemeinde mit der trostvollen Zusage Jesu durch die Abschiedsstunde: „Ich lebe, und ihr sollt auch leben!" Da mein Vater in ähnlicher Weise starb wie der Bauer in der Uckermark, standen mir die Angehörigen besonders nahe. Ich konnte sie dort abholen, wo meine Mutter und ich einmal standen. „... Aber vom Herrn kommt, was die Zunge sagen wird"! Zu gegebener Zeit befinden sich unsere Gedanken und Worte in den Händen Gottes! Bitten wir Gott, dass er durch seinen Heiligen Geist den unseren beeinflusst! Ich glaube sicher, dass er das tun wird! Wir werden etwas zu sagen haben! Amen. –

Keinen Tag soll es geben, an dem du sagen musst:
Niemand ist da, der mich hält.

Keinen Tag soll es geben, an dem du sagen musst:
Niemand ist da, der mich schützt.

Keinen Tag soll es geben, an dem du sagen musst:
Niemand ist da, der mich liebt.

Der Friede Gottes, der alle unsere Vernunft übersteigt, bewahre dein Herz und alle deine Sinne in Jesus Christus, unserem Herrn. Amen.

„Tschanga" ist nicht die Endstation!

An einem Sommermorgen erging sich der Kaiser von China in seinem Rosengarten. Bleich und zitternd stürzt sein Gärtner auf ihn zu, wirft sich ihm zu Füßen und stammelt: „Erhabener Herrscher, leihe mir dein schnellstes Pferd, dass ich deine ferne Burg Tschanga noch heute erreiche!" – „Warum musst du so rasch in meine Festung Tschanga reisen?", fragte erstaunt sein Kaiser. – „O Herr", ruft der verängstigte Gärtner, „hinter den Rosenbüschen begegnete mir der Tod und winkte mir zu. Nun will ich ihm entfliehen, darum soll mich dein schnellstes Pferd nach Tschanga bringen." Der Kaiser gewährte ihm die Bitte, und der Gärtner stürzt davon. Der Kaiser aber geht zu den Rosenbüschen und fragt den Tod: „Wie kannst du nur meinen Gärtner so erschrecken?" – „Erhabener Kaiser, ich wollte deinen Gärtner nicht erschrecken, ich wunderte mich nur, ihn *hier* zu sehen, denn heute Morgen gab mir der Herr des Himmels den Auftrag, deinen Gärtner in der fernen Burg Tschanga abzuholen." – Soweit die Fabel. Keine Fabel ist, dass vor dem Tod keiner fliehen kann. Wohin wir auch aufbrechen wollen, Gott ist da! Das weiß David, und weiter weiß er, dass auch vor Gott keiner fliehen kann. Vorsichtige Leute besteigen kein

Flugzeug, auch das Schiff meiden sie, weil sie risikolos leben möchten. Dabei vergessen sie, dass der Tod in „Tschanga“ wartet. Das ist der Ort, an dem er uns abholen soll. Flucht ist zwecklos. „Tschanga“ kann Ihre Wohnung sein, Ihr Bett, die Kreuzung mit Ampel ...! Zeit und Stunde unseres Aufbruchs sind festgelegt, auch der Ort. Denken Sie an des Kaisers Gärtner. – Weiter betet David in Psalm 139: „Von allen Seiten umgibst du mich und hältst deine Hand über mir.“ Umgeben von Gott! Seine Hand über Ihnen rund um die Uhr und überall, wo Sie sich auch befinden mögen!

Keine Sekunde, in der Gott nicht bei Ihnen wäre! Kein Ort, an dem Gott nicht an Ihrer Seite stünde! David weiß um die bergende Hand Gottes, die ihn hält. Sie sollen das auch wissen! Gott hält den mit Tränen und den mit Lachen. Er hält den Petrus, der ins Wasser springt, indem er ihn herauszieht. Er hält den Jona, der die Flucht riskiert, indem er ihn ins Wasser stößt. Sie sehen, das Halten und Behüten Gottes fällt bei jedem anders aus. Gott bewertet nicht in Bausch und Bogen. Er wird mit Ihnen anders umgehen müssen als mit mir. Warum? Sehen Sie, jeder von uns besitzt ein Innenleben; jeder hat eine besondere und einmalige Seele. Das weiß Gott nicht nur, er hat sie Ihnen gegeben. Wer Sie auch sind, sie *sind* wer in den Augen Gottes! Sie sind Gottes Kind! Als dieses rund um die Uhr behütet und bewacht! Selbst „Tschanga“ muss Ihnen zum Besten dienen, wenn von dort aus der Aufbruch stattfindet. Das heißt Aufbruch und Heimkehr in das ewige Vaterhaus Gottes! Amen.

Mensch., was du tust, bedenk das End,
das wird die höchste Weisheit genennt.

HANS SACHS

Meine Zeit steht in deinen Händen.

DAVID IN PSALM 31

Was Gott sagt, ist maßgebend!

Wenn ich heute sterben würde, was sagen die Leute morgen von mir? „Er war ein guter Mensch?“ – „Nur Durchschnitt?“ – „Eine Lücke reißt er gerade nicht?“ Was würde Gott zu meinem Leben sagen? Nicht die Meinung der Leute zählt; was Gott sagt, ist maßgebend. „Schreibe“, sagt der erhöhte Christus, und Johannes hält fest, was er sagt. „Selig sind die Toten, die von nun an im Herrn sterben!“ Gratulation ihnen, denn sie werden auf der Schwelle vom Hier zum Dort gehalten; sie werden heimgebracht! Hören wir auf letzte Worte Sterbender. „Es war alles sehr schön“, so der letzte Satz des Kfz-Schlossers Christian Blüm. Sein Sohn, der Politiker Norbert Blüm, berichtete über des Vaters Heimgang: „Der Pfarrer kam und betete mit ihm ... Verwandte kamen und Freunde ... das Sterbebett wurde zum Treffpunkt. Gegen drei Uhr in der Früh, ihren Kopf an seinen schmiegend, erzählte die Mama die Geschichte ihres gemeinsamen Lebens. Am Schluss fasste er noch einmal alle Kraft für den einen Satz zusammen: „Es war alles sehr schön!“ Ein erfülltes Leben wurde Gott zurückgegeben. Harmonie, Übereinstimmung und Eintracht im Leben und Sterben mit Menschen und Gott! Nähe verbindet! Letzte

Worte Sterbender. Ein Geschenk ist es, wenn Jesu Wort dazukommt: „Ich lebe, und ihr sollt auch leben!" Damit öffnet er uns die Tür zum Vaterhaus Gottes! Dort *wird* alles sehr schön! Unsere Lieben sind bereits dort angekommen, wir folgen ihnen nach. Letzte Worte Sterbender. Nicht immer atmen sie Trost, Hoffnung und helle Zukunft. Treten Sie mit mir an das Sterbebett eines frommen theologischen Lehrers. Jahrelang hat er in guter Weise Gottes Wort gelehrt und somit seinen Studenten ein brauchbares Fundament gelegt. Dieser gläubige Mann kam zum Sterben. Seine letzten Worte aber waren alles andere als trostvoll und glaubensstark. Er sagte zu seinem Freund: „Ich kann nicht mehr beten, bete du für mich!" Welcher Schmerz in diesen Worten! Es gibt Situationen, in denen selbst ein frommer Mensch dort ankommen kann, wo er sagt: „Ich kann nicht mehr! Ich kann weder glauben, beten noch hoffen! Mir fehlt alle Kraft dazu!" Anfechtung! Sie kann dermaßen über uns hereinbrechen, so dass uns Hören und Sehen vergeht. Dann ist es ein Segen, wenn ich mich noch so weit aufraffen kann, um zu einem Vertrauten zu sagen: „Ich kann nicht mehr beten, bete du für mich!" So nimmt ein anderer meinen Platz ein! Gebet für den, der nicht weiß, wie er über die Schwelle kommt. Die Fürbitte wird nun zu einer Macht, die Gott segnet! Vertrauen wir uns in derartigen Krisensituationen einander an. Einen Vertrauten haben Sie bestimmt. – „Selig sind die Toten, die von nun an im Herrn sterben!" Eine Gratulation Ihnen, der Sie von nun an mit dem Herrn leben! Vor Ihnen liegt nicht mehr der Tod, sondern das Leben! Sie dürfen hoffen unter einem geöffneten Himmel! „Dort *wird* einmal alles sehr schön!" Auch für den, der selber nicht mehr beten kann, aber einen Freund besitzt, der für ihn betet! Fürbitte erhellt den Weg, auch den letzten! Amen.

Fragst DU nach meiner Sünde,
flieh ich von DIR zu DIR,
Ursprung, in den ich münde,
DU fern und nah bei mir.
Wie ich mich wend und drehe,
geh ich von DIR zu DIR,
die Ferne und die Nähe sind aufgehoben hier.
Von DIR zu DIR mein Schreiten,
mein Weg und meine Ruh,
Gericht und Gnade, beides
bist DU und immer DU.

SCHALOM BEN CHORIN

Hoffnung ist angesagt

Im Keller eines Bauernhauses sitzen sie beieinander: Bewohner und Fremde. Es wird unerträglich heiß. Fässer quellen über. Gläser zerspringen. Benommen und verstört kämpfen sich Menschen mit letzter Kraft ins Freie. Dort empfängt sie ein Ascheregen. Tagelang geht das so. Pausenlos. Der Himmel ist dunkel ...! Ein französischer Film versucht das Leben nach einem Atomkrieg einzufangen. Die Zukunft im Film. Endzeitfilme sind begehrt. Auch die Bibel spricht von der Zukunft. Sie verschweigt nicht die Schrecken und spielt die Macht des Bösen nicht herunter. Doch am Ende steht nicht das Chaos, sondern die Hoffnung auf ein Neues! Der thronende Christus sagt das in aller Deutlichkeit: „Siehe, ich mache alles neu". Das „es werde" vom Anfang der Schöpfung klingt an. Es wird neu gesprochen. Unsere Zukunft liegt in der Hand dessen, der auf dem Thron regiert. Nichts bleibt beim Alten. Das tröstet uns. Gehen wir über unsere Friedhöfe, entdecken wir auf Grabsteinen Namen und Zahlen, Bibelzitate und Worte ohne Hoffnung. Weiter sehen wir Symbole, die etwas vom Innenleben des Toten preisgeben. Auf dem Dorotheenstädtischen Friedhof in Berlin steht auf dem Grab von Bert Brecht (1898-1956):

„Lasst euch nicht verführen! Es gibt keine Wiederkehr!" Daneben lesen wir auf dem hellen Stein des Arztes Christoph Wilhelm Hufeland: „Ich bin die Auferstehung und das Leben" – Jesus Christus. – Welche Kontraste! Zwei Gräber und zwei Worte, die eine Botschaft weitergeben. Tod und Leben! – Alles, was uns bedrückt und belastet ist Vorletztes. Das Letzte ist die neue Schöpfung und wir in ihr als neue Menschen. Das heißt: abgewischte Tränen, beseitigte Spuren des Leides. „Altes ist vergangen, Neues ist geworden". Kein Wunder, dass man uns „Jenseitsvertröster" nennt, die auf ein „himmlisches Ruhekissen" aus sind. In dieser Spöttelei befindet sich sogar ein Stück Wahrheit. Haben wir Gottes Zukunftsentwurf vor uns liegen, dann können wir uns mit der Welt, wie sie ist, nicht abfinden. Dass alles Ungereimte ein Ende hat, ist kein Vertrösten sondern Trost, den wir in der Gegenwart benötigen. Bereits heute und hier leben wir als Beschenkte Gottes, als seine Kinder und somit Erben. Als solche werden wir „Überwinder" genannt. Christen, die aushalten im Glauben und standhaft bleiben. „Überwinden" heißt auch, dass wir uns dem, was das „Alte" ist und „vergehen" wird, nicht mehr unterwerfen. Wir räumen dem nicht mehr die Herrschaft ein. Hoffnung ist angesagt, und daran halten wir fest für alle, denen die Hoffnungslosigkeit im Gesicht abzulesen ist! Armer Brecht! „Es *gibt* eine Wiederkehr!" Reicher Hufeland! „Jesus lebt, mit ihm auch wir!" Totensonntag. Für uns ist er der Ewigkeitssonntag, denn unser Ende ist Beginn! Jesus kommt wieder und macht alles neu! Am Ende der Anfang und nicht das Grauen!

Die Hoffnung auf die neue, unantastbare Welt Gottes ist mehr als billiges Vertrösten! Sie ist einmalige Gewissheit, weil Gottes Verheißung dahinter steht! Amen.

Wir warten dein, o Gottes Sohn,
und lieben dein Erscheinen.
Wir wissen dich auf deinem Thron
und nennen uns die Deinen.
Wer an dich glaubt,
erhebt sein Haupt
und siehet dir entgegen;
du kommst uns ja zum Segen.

PHILIPP FRIEDRICH HILLER

Lass mich deiner Spur folgen, Jesus, damit ich mich nicht verirre und das Ziel erreiche, das du für mich gesteckt hast. Und weil ich das Wort, das mir hilft, nicht mir selber sagen kann, schicke mir jemand, der mir's sagt – und lass mich dein Wort anderen sagen, die es genau so benötigen wie ich auch! Danke, Jesus, dass wir dich haben! Bleibe bei uns! Wir lieben dich! Amen.

EIN WORT DANACH

Sie haben von Schatzsuchern und Fackelträgern gelesen, von unerwünschten und geschändeten Kindern und von einem heimkehrenden Sohn. Der „ungehorsame Prophet" ist Ihnen über den Weg gelaufen und eine Bettlerin aus Paris saß an Ihrem Wegesrand.

Abschließend stelle ich Ihnen die Tochter eines Lokführers vor. Ihr Vater arbeitete bei der Regionalbahn zwischen Vogtland und Franken. Er trat seine letzte Fahrt an, danach war Ruhestand angesagt. Die Reisenden waren eingestiegen, die Abfahrt durch den Lautsprecher war gesagt, da sprintet doch eine junge Frau den Bahnsteig entlang und erreichte den Zug „mit Müh und Not". In ihren Armen ein wunderschöner Rosenstrauß! Die Tochter des Lokführers. Der Vater hatte nicht bemerkt, was sich hinter seinem Rücken abspielte. Am Zielbahnhof angekommen, stiegen die verbliebenen Fahrgäste aus und stellten sich brav und bieder an der Lok auf. Jeder von ihnen schenkte dem Lokführer eine Rose. Der Plan der Tochter ging auf.

Gute Gedanken, Ideen und Worte für einen Menschen sind zu jeder Zeit und an jedem Ort ein prächtiges Geschenk! Dahinein legt Gott seinen Segen! – In diesem Sinn grüße ich Sie, bleiben Sie von Gott behütet und – vergessen Sie die „Rose" nicht!

Ihr Karl-Heinz Schmidt